AF342907

E. PERTUISET

LES AVENTURES

D'UN

CHASSEUR DE LIONS

PARIS

MAURICE DREYFOUS, ÉDITEUR

13, RUE DU FAUBOURG-MONTMARTRE, 13

1878

LES AVENTURES

D'UN

CHASSEUR DE LIONS

E. PERTUISET

LES AVENTURES

D'UN

CHASSEUR DE LIONS

PAR

E. PERTUISET

PARIS

MAURICE DREYFOUS, ÉDITEUR

13, RUE DU FAUBOURG-MONTMARTRE, 13

1878

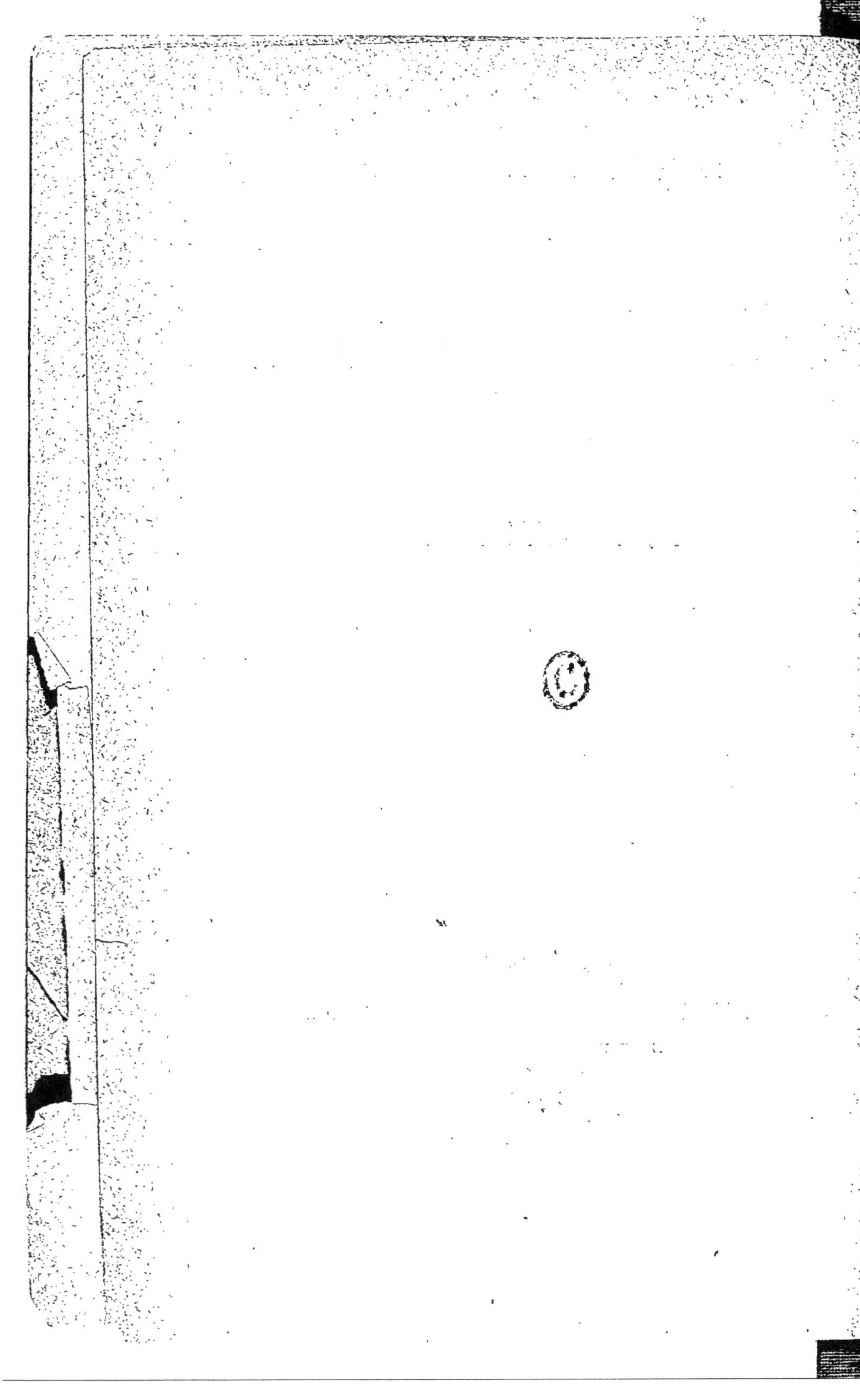

PRÉFACE

Ecrire un livre est, pour un chasseur, une grave affaire.

A la fin d'une journée employée à battre les guérets, la lecture de la dernière édition du *Dictionnaire* de l'Académie française semble peu séduisante et ne sert guère qu'à hâter un sommeil mérité ; après une nuit passée toute blanche à l'affût le *polissage* d'une phrase apparaît comme une œuvre au-dessus des forces humaines. Et, si l'auteur de ce livre, s'est décidé à publier quelques chapitres de ses *mémoires*, ce n'a été qu'après avoir résolu de déclarer d'abord qu'il n'entend point marcher sur les brisées des feuilletonnistes.

Ayant toujours aimé les aventures, il me semble, en les racontant, les voir une seconde fois. J'ai vu des lions, hors des ménageries, et j'en ai tué : dire quelles ont été mes impressions dans ces circonstances, me paraît intéressant. Le lecteur ne m'accusera pas de forfanterie, car dans ces récits d'une exactitude scrupuleuse, les déboires tiennent plus de place que les succès.

Les Parisiens n'ont point oublié Jules Gérard, et auront peut-être quelque plaisir à retrouver ici ce compagnon de leur jeunesse. Gérard et moi, nous avons foulé le même sable et attendu le même ennemi. J'ai noté simplement ce qui m'est arrivé.

L'an passé, déjà, je m'étais permis d'apprendre au public, au moyen d'un livre intitulé *Le trésor des Incas à la Terre-de-Feu*, que, le premier, pour ainsi dire, j'avais parcouru cette île, non décrite avant mon voyage, et réputée terrible à cause des anthropophages qui la peuplaient. Mon récit se défendait de lui-même : il était neuf.

Aujourd'hui je me hasarde après d'autres, moins sincères, à raconter simplement mes histoires de chasse.

Je parle ensuite des balles explosibles qui m'ont beaucoup servi dans mes pérégrinations : un grand nombre de généraux et de souverains ayant prêté à mes expériences le plus vif intérêt, j'espère que le public goûtera les anecdotes qui s'y rapportent.

Pour qu'on n'ait aucune réticence à me reprocher, je dis enfin quelle part j'ai pu prendre aux projets d'un enthousiaste qui n'avait rêvé rien moins que d'enlever le tombeau du Prophète à la barbe des mahométans. La première partie de cette... épopée, a paru dans le *Figaro;* elle est reproduite dans cet ouvrage, avec une suite.

Afin qu'aucun doute ne soit possible, je nomme tous les grands personnages avec lesquels j'ai eu l'honneur de me trouver en relations. Des pièces justificatives sont placées à la fin de ce volume. Que si on reproche à l'auteur de parler un peu trop de lui, il répondra simplement que ses aventures sont arrivées à lui et non pas à d'autres.

E. PERTUISET.

[illegible]

LES AVENTURES

D'UN

CHASSEUR DE LIONS

CHAPITRE PRÉLIMINAIRE

Sommaire : Le Tir national de Vincennes.—Comment je connus
Jules Gérard. — Deux grands projets. — Notre voyage en
Angleterre. — Le tueur de lions et la Société de géographie
de Londres. — Départ du célèbre chasseur pour l'Afrique
équatoriale. — Visite au roi de Dahomey. — Tentative
d'exploration. — Mort de Jules Gérard. — Un paquet de
lettres.

Le Tir national français fut inauguré à Vincennes, un dimanche d'octobre de l'année
1860, au milieu d'une foule considérable attirée par l'éclat et la nouveauté du spectacle.
Mêlé aux curieux, je me promenais depuis
longtemps, écoutant les commentaires, examinant les cibles, lorsque, soudain, mes regards se fixèrent sur un homme qui, entouré
de nombreux spectateurs, s'apprêtait à tirer
un coup de carabine.

Ce personnage, l'un des principaux de la

1

fête, à n'en pas douter, était vêtu d'un costume de chasse et coiffé d'une casquette ronde; chacun suivait curieusement ses mouvements. Lentement il épaula son arme, visa longuement avec un soin extrême et, enfin, pressa la détente ; mais le coup ne fut pas heureux, car le tireur ne put réprimer un geste de mauvaise humeur.

— Bah ! dit à haute voix quelqu'un derrière moi, il peut bien manquer le carton ; mais certainement il ne manquerait pas un lion.

Je tournai aussitôt la tête :

— Qui est-ce donc? demandai-je.

— Vous ne connaissez pas Jules Gérard ?

— Comment! le tueur de lions !

— Lui-même.

— Et vous êtes de ses amis, monsieur ?

Pour toute réponse, mon interlocuteur me tendit sa carte, et j'y lus le nom de *Devisme*, l'arquebusier.

— En vérité, le hasard me favorise, repris-je avec vivacité. J'ai résolu d'aller en Afrique, et de chasser le lion à mon tour. Voulez-vous me rendre le service de me présenter à Jules Gérard ?

— Volontiers : nous déjeunerons ici demain à table d'hôte ; je vous ferai faire la connaissance de l'intrépide chasseur sur les traces duquel vous voulez marcher.

Le lendemain, après le coup de canon annonçant la clôture de la séance de tir du matin, Devisme me présenta comme il me l'avait promis, et me plaça à table entre Gérard et Léon Bertrand, le fondateur du *Journal des Chasseurs*.

On devine avec quelle sympathique curiosité j'examinai celui dont tout le monde vantait alors la hardiesse et les exploits. Je me l'étais imaginé haut de six pieds, d'une carrure athlétique, avec une physionomie énergique, fière, imposante ; grande fut ma surprise, en me trouvant à côté d'un homme d'apparence vulgaire, de taille moyenne, très-maigre, au teint pâle, aux joues creuses, aux mains blanches avec des doigts longs et osseux. Cependant, lorsqu'on le regardait en face, ses yeux d'un bleu sombre lançaient de véritables éclairs.

La conversation, banale au début, me permit de l'observer assez longtemps à mon aise, et je fus surtout frappé de sa froideur, de son attitude réservée ; on le disait très-bavard et grand amateur de bon vin : il ne buvait pour ainsi dire que de l'eau, et parlait à peine.

Bientôt cependant, la causerie s'animant, les récits de chasse commencèrent, et Devisme en profita pour faire connaître mes projets, mon désir.

— Oh ! oh ! dit alors Gérard, voilà un désir bien facile à exprimer ; mais du projet à l'exécution, il y a loin.

— Pourquoi cela, monsieur ? ripostai-je. Les lions sont-ils devenus si rares qu'on n'en puisse plus rencontrer ?

— Non, certes ; mais cette chasse exige des qualités particulières, indispensables pour réussir.

— Et lesquelles ?

— Une santé de fer d'abord ; puis une patience à toute épreuve, une énergie indomptable, un cœur inaccessible à la crainte : j'ai, dans ma vie, rencontré vingt chasseurs des plus habiles et des plus courageux qui, profitant de mon expérience et de mes conseils, ont vainement tenté l'aventure ; ils ont vu des lions et n'ont pas osé les tirer.

— Que diable ! m'écriai-je, vous n'êtes pas

le seul à en avoir tué ; les Arabes eux-mêmes, en ont abattu plus d'un. Ce qu'un homme a fait, un autre peut le faire ; et quoique, jusqu'à présent, j'aie vu seulement dans des ménageries les fauves dont il s'agit, je ne les crois pas si redoutables qu'on veut le dire. J'ai terrassé des gens qui se supposaient invincibles ; eh bien ! certes, non-seulement j'oserais tirer un lion, mais encore... je l'étranglerais au besoin !

Cette vigoureuse sortie, occasionnée par le ton un peu trop fat de mon interlocuteur, produisit une certaine impression sur l'assistance ; et Gérard comprenant que sa vantardise l'avait entraîné trop loin, se tira habilement d'affaire. Il leva son verre et but franchement à mes succès futurs.

— Bravo ! cria Léon Bertrand, je serai, mon cher monsieur, le chroniqueur de vos chasses.

— Et moi, ajouta le tueur de lions, puisque vous êtes si décidé, je vous promets de mettre bientôt votre courage à l'épreuve. Mon nouveau départ pour l'Afrique est prochain ; voulez-vous m'accompagner ?

— Avec grand plaisir.

— Touchez là.

Je lui serrai la main, un peu fortement peut-être, car il jeta un cri.

— Sapristi! fit-il, une solide poigne.

A ce moment, un nouveau coup de canon retentit, donnant le signal de la réouverture du tir.

J'accompagnai mon nouvel ami, et, le soir même, nous dînions ensemble au café Turc, en tête à tête. Il se montra très-expansif, me contant avec verve d'intéressantes anecdotes; mais il n'avait point encore tout à fait renoncé à m'effrayer, car il exagérait visiblement, à dessein, les dangers par lui courus, faisant un sombre tableau des fatigues à endurer, de la persévérance dont on avait besoin, disant que les lions ne se trouvaient pas comme des lièvres, et qu'on les pouvait guetter vainement pendant des mois, pendant des années.

Voyant que tout cela, bien loin de me décourager, excitait au contraire mon ardeur, il m'entretint de ses projets.

Son intention était de fonder, sous la protection de quelques grands personnages, une Société africaine internationale, dans le but de détruire les animaux nuisibles, et d'explorer l'Afrique du Nord pendant la saison d'hiver; il voulait, après avoir fait fabriquer d'énormes pièges destinés à prendre vivantes les bêtes féroces, créer une grande ménagerie dont il me proposa de devenir le directeur.

J'acceptai, à la condition qu'il se montrerait au public une heure chaque soir; nous tombâmes d'accord, et je lui versai une certaine somme pour couvrir ses premiers frais. La signature d'un contrat définitif fut remise à plus tard, et nous nous quittâmes le plus cordialement du monde.

Le lendemain, nouvelle rencontre sur le champ de tir de Vincennes. Je me décidai à prendre part au concours, à la suite duquel le prix d'honneur, un fusil d'une valeur de onze mille francs offert par l'Empereur, fut décerné à Gérard; j'obtins plusieurs autres prix, ainsi que la première mention honorable, et le tueur de lions m'envoya comme souvenir, à cette occasion, un magnifique revolver de Devisme, artistement ciselé.

Nous nous occupâmes ensuite de l'organisation de la société des chasseurs ; et Gérard fit construire le fameux piége dont j'ai parlé plus haut. Je revis longtemps après ce formidable engin à une fête des environs de Paris, dans la baraque d'un saltimbanque. A la suite de quelles circonstances se trouvait-il là ? Il me fut impossible de le savoir.

Quoi qu'il en soit, pendant toute la première année, j'eus avec mon associé les plus agréables relations ; nous nous voyions souvent, et nous chassâmes plus d'une fois ensemble. Détail très-curieux : le maître des tireurs de ce temps-là était incapable d'abattre un oiseau au vol. Un jour, chassant à Toury, en Beauce, avec le général D..., commandant alors la subdivision d'Orléans, Jules Gérard manqua, dans la matinée, au moins vingt perdrix ; les plus maladroits des invités en avaient tué une dizaine.

Cependant, quand revint l'époque de l'ouverture du second tir national, nous convînmes de partager nos récompenses.

La vue de mon compagnon faiblissait-elle ? Son bras était-il moins sûr ? Je ne sais, mais je remportai les deux premiers prix, l'un à la carabine de précision, le second à l'arme de guerre, et d'autres encore, formant une valeur totale d'environ quatre mille francs, tandis que Gérard n'obtint qu'un prix de cent

cinquante francs, qu'il rougit d'aller réclamer. Je le reçus à sa place, et sa popularité
était si grande alors que, malgré son échec,
des applaudissements éclatèrent de toutes
parts à l'appel de son nom.

Le 31 janvier 1862, nous signâmes notre
contrat d'association (1). Dans le courant d'a-
vril, un habile tireur suisse, nommé Nourrisson, vint me proposer de fonder, avec l'aide
de Gérard, un tir permanent à Londres. Il
comptait, me dit-il, sur la protection de lord
Vernon. Le projet nous parut d'autant plus
réalisable que nous étions sur le point de
partir pour l'Angleterre, afin d'y recueillir des adhésions à notre Société africaine;
deux jours après, nous nous mettions en
route.

A peine arrivé, Jules Gérard reçut une invitation du colonel Seymour, aide de camp de
Sa Majesté, l'invitant à se rendre au palais de
Saint-James où des appartements lui avaient
été préparés.

On devine à quel point la vanité de mon
ami se trouva flattée par l'offre de cette somptueuse hospitalité. L'avenir devait lui appren-

(1) Voir les pièces justificatives.

1.

dre que mieux eût valu la refuser; mais, le pouvait-il?

En imagination, il se voyait déjà présenté à la reine, accueilli avec bienveillance par elle, et par tous les membres de la famille royale; en réalité, le colonel Seymour le promena par la ville, un peu comme une bête curieuse, et se contenta de le montrer dans quelques grands clubs et à la Société royale de géographie.

Le président de cette association, auquel Gérard avait été chaudement recommandé, avait voulu profiter de l'anniversaire de la fondation (solennité à laquelle assistaient tous les membres), pour l'y présenter; et, lorsque, vêtu de son pittoresque uniforme d'officier de spahis, le tueur de lions entra dans la salle, un sympathique murmure l'accueillit.

Après que le président eut fait son éloge, il donna communication du programme de la Société africaine internationale, dont il s'attacha à démontrer l'utilité, au point de vue des explorations qu'elle nécessiterait dans le centre de l'Afrique. Il lut ensuite les dernières correspondances des voyageurs célèbres qui parcouraient cette contrée; l'on s'entretint de

Speke, de Grant, de Livingstone, en un mot des intrépides explorateurs qui avaient pris à tâche de visiter et de décrire ces vastes pays encore ignorés.

Quelques membres exprimèrent le désir de voir s'associer à cette grande et périlleuse entreprise, des hommes jeunes, énergiques, entièrement dévoués à la science, et l'on émit le vœu qu'un voyageur, partant de la côte occidentale d'Afrique, de la Nigritie, remontât au nord jusqu'à Tombouctou, pour redescendre ensuite à l'embouchure du Niger, en suivant les rives du fleuve. Au point de vue commercial et scientifique, cette expédition dangereuse, dans un pays absolument ignoré, présentait, d'après l'orateur, les plus grands avantages.

Enthousiasmé par ce projet, Gérard se leva :

— Le voyageur est trouvé, dit-il, et si vous me faites, messieurs, l'honneur de me confier cette mission, je m'engage à la remplir d'autant plus fidèlement que, dans l'intérêt de mon entreprise privée, je me propose de faire un voyage d'exploration dans les mêmes contrées.

Séance tenante, à l'unanimité, on accueillit la proposition ; son auteur fut nommé membre correspondant de la Société de géographie de Londres, et l'on décida qu'il ne lui restait plus qu'à s'entendre, pour les détails, avec le comité.

Il ne pouvait plus être désormais question de la création du tir permanent. Mon associé s'inquiétait si peu de cette mesquine entreprise que, pendant cinq jours, je ne le vis point.

Enfin, un matin, il fit irruption dans ma chambre. Son visage rayonnait :

— Ah ! mon cher ami, s'écria-t-il, en me serrant les mains, ne m'accusez pas d'indifférence ; partagez ma joie, notre fortune est faite ! Avant peu nous posséderons des millions.

« Non-seulement la Société de géographie se charge des avances nécessaires aux préparatifs de l'expédition, mais encore un certain nombre de négociants m'offrent, avec moitié des bénéfices, des navires chargés de marchandises propres au trafic avec les naturels des pays que nous allons parcourir ; car, bien entendu, vous m'accompagnez : part à deux.

« Croyez-moi, ne nous occupons plus de tir. D'ailleurs, les lions ne manqueront pas par là-bas, et nous leur dirons deux mots en passant. »

Il ajouta qu'un grand banquier de Londres était disposé à lui avancer toutes les sommes dont il aurait besoin.

En vain, parvenant enfin à placer une parole, j'élevai des doutes sur les résultats d'une semblable expédition ; en vain, je lui représentai que les négociants anglais ne risqueraient probablement pas de gros capitaux, et ne confieraient point les chargements de plusieurs navires à un homme qui n'avait ni les garanties, ni les connaissances commerciales nécessaires. J'objectai qu'on ne pouvait prévoir l'accueil des rois et des chefs indigènes. Tout fut inutile ; sa résolution était inébranlable, et il plaida sa cause avec tant de chaleur, qu'il me gagna. Je lui remis encore quelque argent, afin de lui permettre d'attendre les avances promises, et après avoir résilié notre contrat avec M. Nourrisson, je revins à Paris, décidé à faire, moi aussi, mes préparatifs.

Pendant deux mois, tous les jours m'arrivait une lettre du futur explorateur, et il me fallait répondre chaque semaine par un nouvel envoi de fonds. Je maugréais bien un peu ; mais m'était-il permis d'hésiter, puisqu'il s'agissait de sa fortune et de la mienne ?

Un beau matin, la missive quotidienne changea de ton : Gérard me prévenait que les négociants anglais, après réflexion, avaient résolu de ne lui confier leurs marchandises qu'à la suite d'un premier voyage d'exploration, et que le banquier venait de faire faillite. Quant à la Société de géographie, elle ne refusait pas de tenir sa promesse, mais au lieu d'argent, elle mettait seulement entre les mains du voyageur des lettres de crédit à toucher sur le parcours. Il terminait ainsi :

« Tenez-vous prêt à partir dans huit jours : je vous prendrai à mon passage à Paris. »

J'avais prévu ces contre-temps qui ne me découragèrent pas, et je répondis que je partirais volontiers avec lui, à cette seule condition : la Société de géographie m'adjoindrait officiellement à l'entreprise.

Gérard fit, à ce qu'il paraît, la démarche, et m'avisa d'un refus qui, je l'ai su depuis, fut le résultat de sa négligence. Me doutant qu'il ne s'était pas employé pour moi avec tout le zèle désirable, je lui adressai de vifs reproches, et le priai même, ce qui me semblait naturel, de me rembourser mes avances.

Point de réponse. Quelques jours après, seulement, j'appris que mon compagnon, se rendant en Afrique, avait traversé Paris incognito. Enfin, au bout d'une semaine, par une lettre datée de Marseille, Gérard m'annonça son embarquement; il me priait de prendre patience, de ne pas lui garder rancune pour le temps et l'argent qu'il m'avait fait perdre, et regrettait de ne pas m'avoir à ses côtés.

— « Puisqu'au dernier moment, ajoutait-il, les Anglais m'ont refusé les marchandises promises, et comme je crains une autre déception en arrivant à Freetown (1), mon intention est d'aller trouver le roi de Dahomey qui, sans doute, a entendu parler de moi, et n'hésitera pas à me nommer généralissime de son armée.

« *P. S.* Au cas où je trouverais la mort dans cette expédition, souvenez-vous que je vous lègue mon titre de tueur de lions. »

J'en aurai fini avec Jules Gérard, après avoir

(1) Capitale de la colonie de Sierra-Leone, sur la côte occidentale d'Afrique.

donné sur sa fin des détails encore ignorés, et d'une exactitude absolue.

Le roi de Dahomey n'ayant pas accepté ses services, il se rendit à Freetown, où le consul anglais lui fournit tout ce qui était nécessaire à son voyage ; il partit sans retard. Après six jours de marche, des indigènes l'arrêtèrent et le pillèrent. Il revint, exposé à mille dangers, après des fatigues sans nombre, à son point de départ ; le consul l'équipa de nouveau.

Cette fois, comptant éviter les pillards, il prit une autre direction ; mais, quelques jours plus tard, assailli par une seconde bande, il ne s'échappa qu'après une lutte sanglante, et suivi seulement d'un de ses serviteurs.

Il erra longtemps à l'aventure, et se réfugia enfin dans un village où résidait un chef indigène, auquel il s'adressa pour se faire reconduire à Freetown, lui promettant de payer largement ce service.

Ce personnage ne pouvait se défendre de jeter à la dérobée des regards de convoitise sur les armes de l'explorateur ; et, sans doute dans le but de s'en emparer par ruse, à quelque occasion, il reculait le départ de jour en jour, sous de futiles prétextes.

Gérard, à bout de patience, le menaça de se plaindre aux autorités de la colonie. Plusieurs de ses serviteurs échappés au massacre, avaient sans doute donné l'alarme et on devait faire des recherches pour le retrouver.

Le chef se décida alors à désigner quatre hommes pour l'accompagner et, le matin du départ, il vint lui souhaiter bon voyage.

Pour éviter un long détour, il fallait traverser un lac en canot (1).

Tout à coup les rameurs saisirent Jules Gérard par derrière, lui lièrent solidement les bras et les jambes, le jetèrent à l'eau ; puis vinrent rapporter à leur chef les armes de la victime.

La nouvelle de ce crime fut bientôt connue : le consul anglais qui l'apprit le premier, en avisa son collègue de France, et l'on parvint à découvrir les assassins qui subirent le dernier supplice.

On retrouva le corps de l'infortuné, grâce à une particularité : les eaux du lac dans lequel on l'avait précipité (lac qui n'est en réalité qu'un vaste marécage), se retirent périodiquement, laissant le lit complètement à sec. On

(1) Le lac Yung. Il n'est pas indiqué sur les cartes.

transporta le cadavre à Freetown, où chacun tint à rendre un suprême hommage au hardi voyageur ; on lui fit de touchantes funérailles, et le corps consulaire tout entier, accompagné des officiers de la station navale, et suivi d'une foule considérable d'Européens et d'indigènes, escorta le convoi.

Ainsi périt misérablement, quoique victime d'une noble entreprise, le célèbre tueur de lions. Il avait rêvé, sans doute, une autre mort plus digne de ses exploits ; mais il restera néanmoins comme un type de chasseur légendaire ; et, longtemps, l'on gardera la mémoire de ses aventures et de son intrépidité.

J'ai raconté simplement, comme un historien impartial, tout ce que je sais de la vie et de la mort de Jules Gérard ; mon intention était d'abord de placer à la fin de ce volume, dans le chapitre intitulé : « *Pièces justificatives* » les lettres qui m'ont été adressées par le « *Tueur de lions.* » Toutes réflexions faites, j'aime mieux, avant de commencer le récit de mes aventures, donner immédiatement au lecteur les extraits de cette correspondance non sans intérêt. De la sorte, je prouverai mes assertions, et puis, j'imagine qu'on ne lira point sans plaisir le résumé officiel de mes relations avec Gérard. Ses missives sont entre mes mains; analysons-les. Personne ne s'en plaindra, j'espère, car mes citations, soigneusement choisies, éclaireront complètement le caractère de celui qui, avant moi, s'en fut à la chasse aux lions. C'est un Gérard intime, un Gérard en déshabillé, que je me permets de présenter au public : notre camaraderie excuse mon indiscrétion. Donc, commençons :

Dès la fin de l'année 1860, le tueur de lions m'écrit : « En arrivant d'Allemagne, je trouve « deux nouvelles boîtes de cigares, l'une chez « moi, l'autre chez Devisme. Comptez-vous « m'en envoyer d'autres , et viendrez-vous « bientôt vous-même à Paris? Croyez-moi, « cher monsieur, votre affectueux serviteur. »

J'étais alors en Suisse. Trois mois plus tard, je reçus un autre billet dont je détache ce passage :

« Je viens de recevoir le fusil que vous avez « bien voulu m'offrir, ainsi qu'une boîte de « cigares. Je trouve cette arme simple, bien « faite pour la guerre ou la chasse dans la « montagne, et je compte bientôt l'essayer.

« Recevez mes remerciements bien sincères
« pour ce souvenir qui m'a été très-agréable.
« Je le conserverai avec soin parmi ceux de
« mes autres amis. L'époque de mon départ
« pour l'Afrique n'est pas encore fixée ; toute-
« fois, je n'attendrai pas plus tard que le mois
« d'avril prochain. J'espère que vous viendrez
« auparavant à Paris, car je regretterais
« beaucoup de ne pas vous avoir pour com-
« pagnon. »

Huit jours après, en mars 1861, nouvel
avis :

« Je tiens tellement à vous avoir pour com-
« pagnon de chasse, que je vous promets de
« vous prévenir à temps. »

Le 29 mars, autre air de guitare :

« Mon cher monsieur, j'ai pensé à vous
« pour une association contre les lions d'A-
« frique ; voici ce que c'est. — La Société impé-
« riale d'acclimatation de Paris désire ajouter
« à son jardin zoologique, au bois de Bou-
« logne, un parc aux lions, dans lequel on
« mettrait plusieurs couples de ces animaux,
« ainsi que des léopards et des panthères que
« je prendrais à l'état sauvage. Toutes ces
« bêtes seraient établies dans des parcs ayant

« 35 mètres de large, sur 60 mètres de long,
« avec une loge au fond pour la saison d'hi-
« ver, et avec une grille en fer assez haute et
« assez forte pour assurer la sécurité du pu-
« blic. Ce projet a été du reste approuvé par
« l'Académie. Maintenant voici ce que j'ai
« pensé : plusieurs villes possédant des jardins
« publics, m'ont déjà demandé si je pouvais
« leur céder des bêtes féroces. Ces demandes
« se multiplieront, à coup sûr. Ne serait-il pas
« à propos d'avoir un matériel pour prendre
« les animaux? Je les céderais ensuite aux
« villes de France et de l'étranger qui en dé-
« sireraient. Nous confierions ceux qui nous
« resteraient en trop à des hommes qui les
« montreraient de ville en ville. Si j'en crois
« mon expérience, chaque animal nous re-
« viendrait, pris, à 1,250 fr.; il serait acheté
« par les jardins zoologiques de 3 à 5,000 fr.,
« suivant l'âge. Ceux qui seraient confiés à
« des chefs de ménagerie rapporteraient cer-
« tainement davantage.

« Mais il y a un autre côté de la question
« plus intéressant et sans doute plus profi-
« table. Je veux parler de la chasse. Pour
« prendre les lions, je compte employer le

« personnel des chasseurs arabes dressés par
« moi. Si, au lieu de les renvoyer chez eux
« après la capture des animaux dont nous
« avons besoin, nous en formions une troupe
« à nous, nous trouverions cette troupe sous
« les armes toutes les fois que nous voudrions
« faire une campagne de chasse. Les bêtes
« qu'ils tueraient sans nous, payeraient leur
« solde. Le capital nécessaire à l'entretien
« d'une troupe de dix chasseurs serait de
« 12,000 fr., et 40,000 fr. suffiraient à la cons-
« truction du matériel. Nous pourrions, à
« nous deux, fournir cette somme ; l'un de
« nous suffirait, même. Que pensez-vous de
« la proposition ?

« *P. S.* J'ai trouvé vos cigares si bons que
« je voudrais ne plus en fumer d'autres. Si
« vous pouvez m'en faire une provision, en
« les payant, bien entendu, vous me ferez
« plaisir. »

Le 6 avril 1861, Gérard m'écrivit de nouveau :

« J'ai reçu la boîte de cigares que vous avez
« eu la bonté de m'envoyer. Je vous en re-
« mercie. — Le Tir national s'ouvrira, au plus

« tard, dans le courant du mois d'août. Nous
« pourrions donc partir pour l'Afrique au
« commencement de septembre, et y faire
« une campagne de deux mois. Pour cela, il
« faudrait nous entendre dès maintenant au
« sujet de l'armement et de la troupe de
« chasse, commander les pièges nécessaires
« pour la prise des lions, des léopards et des
« panthères. Donnez-moi donc pleins pouvoirs
« auprès des armuriers et des mécaniciens.
« J'écris aujourd'hui à M. Jaquet, à Genève,
« pour lui commander une carabine de
« guerre; si cette arme me convient, nous la
« prendrions comme modèle; elle ne doit
« coûter que 150 fr., soit 1,500 fr. pour dix
« hommes. Puis-je compter sur vous, ou
« dois-je m'adresser à des amis absents qui,
« peut-être, ne demanderaient qu'à entrer
« dans l'association ? »

On voit que l'entreprise pouvait paraître
sérieuse. Je ferai observer seulement qu'il n'y
a point de léopards en Algérie ; à cela près,
l'offre semblait réalisable.

Cela dit, poursuivons nos extraits :

« *Paris 27 avril* 1861. — J'ai été longtemps
« à répondre à votre dernière lettre, parce

« que je désirais savoir à quelle époque le parc
« aux lions pourrait être commencé. Je n'ai
« pas de réponse positive, mais *vous pouvez*
« *compter sur moi comme je compte sur vous,*
« pour notre association contre les lions, au
« mois de septembre. »

« *Paris*, 24 *mai* 1861. — J'ai attendu quel-
« ques jours avant de vous répondre, parce
« que je désirais vous dire la différence entre
« les anciens cigares et ceux que vous avez
« la bonté de m'annoncer ; ces derniers n'é-
« tant pas encore arrivés aujourd'hui, je ne
« veux pas vous laisser attendre plus long-
« temps les nouvelles du Tir. On s'en occupe,
« à Vincennes, et je crois qu'il sera installé
« d'une façon permanente ; mais je doute que
« le concours soit prêt pour le mois de juin.
« En attendant, je m'occupe toujours de notre
« association future concernant messieurs les
« lions, léopards, panthères et autres mem-
« bres de la grande famille des carnassiers.
« Je cherche un bon modèle d'établissement
« volant que nous puissions faire voyager aux
« époques de l'année où le public riche et
« oisif se porte, d'un côté aux bains de mer,
« de l'autre aux eaux d'Allemagne, Bade,

« Wiesbaden, Hombourg, etc. Je pense qu'une
« belle collection d'animaux, bien présentée
« dans ces conditions, serait pour nous une
« source de gros bénéfices. — Votre affec-
« tueux serviteur. »

Paris, 13 *juin* 1861. — « J'ai reçu la boîte de
« cigares adressée chez M. Devisme et je vous
« en remercie; veuillez me dire si je puis ré-
« clamer l'autre à la douane. Le concours de
« tir n'ouvrira guère avant le mois d'août.
« Tâchez donc de venir à Paris pour que nous
« causions utilement de nos projets. »

J'appelle l'attention de mes lecteurs sur la
missive suivante :

Paris, 12 *juillet* 1861. — « Voici la combi-
« naison que j'ai trouvée pour le capital qui
« nous est nécessaire. — Vous me direz ce
« que vous en pensez; et, en même temps, si
« de votre côté, vous croyez pouvoir trouver
« des sociétaires. Je suppose un capital de
« cent mille francs, divisé par actions de cinq
« ou dix mille francs. — La société serait for-
« mée pour dix ans. — Chaque année, à partir
« de la première, on prélèverait sur les re-
« cettes, tant de l'exposition que de la vente
« des animaux, l'intérêt du capital calculé à

« cinq pour cent et l'amortissement ; — soit
« quinze mille francs au moins, si l'amortis-
« sement doit être placé et rapporter un
« intérêt jusqu'à la dixième année. — Vous
« auriez autant de parts dans les bénéfices
« que d'actions ; et, en outre, comme admi-
« nistrateur de la Société appelé à surveiller
« ses intérêts, une somme fixe par an, à titre
« d'indemnité, outre, bien entendu, vos frais
« de voyage. — Si vous aimiez mieux, cette
« somme fixe serait évaluée à un certain
« nombre de parts dans les bénéfices, ce se-
« rait moins certain et, probablement, vous le
« préférerez, ayant confiance dans l'affaire.
« En ce qui me concerne, soit que je reste en
« Afrique pour continuer la capture des ani-
« maux à vendre, soit que je fasse acte de
« présence dans les villes où les animaux se-
« ront exposés, je ne demanderais ni traite-
« ment fixe ni indemnité, mais la moitié des
« bénéfices après que l'intérêt du capital et
« l'amortissement auraient été prélevés. Seu-
« lement, pour avoir la tête libre et pouvoir
« me consacrer tout entier à l'entreprise, je
« demanderais à la Société de me faire une
« avance de dix mille francs sur mes béné-

« fices futurs, laquelle somme me serait re-
« tenue à l'époque du paiement des divi-
« dendes, et par annuités. A ces conditions, je
« pourrais prendre vis-à-vis des sociétaires,
« l'engagement de me faire remplacer par
« mon frère en cas de mort.

« Voilà ma combinaison. Si vous en avez
« une autre, dites-le moi, et marchons vite ;
« car pour être prêts fin septembre, il nous
« faudra commander les pièges et les cages à
« la fin de ce mois. Donc, veuillez prendre
« une décision et me la communiquer au plus
« vite. »

La lettre écrite le même jour, me semble
présenter un égal intérêt.

Paris, 12 *juillet* 1861. — « Votre lettre m'ar-
« rive au moment où je vous écris moi-même
« pour vous annoncer l'envoi des plans pour
« les pièges et les cages de transport. Pour
« les cages d'exposition, nous avons trouvé le
« moyen d'utiliser celles de transport, de
« manière qu'il n'y aura qu'à en faire un
« nombre double, pour avoir alors huit mè-
« tres de longueur sur six de largeur. Si nous
« voulons une cage spéciale, nous pourrons
« le faire plus tard. Quant à présent, il nous

« faudra six pièges qui nous serviront pour
« le lion et la panthère, alternativement, et dix
« cages de transport.

« Cela coûtera ensemble	34,000 fr.
« Si nous ajoutons à cela	10,000
« Pour le grand campe-« ment	2,000
« Pour le petit	2,000
« Pour l'armement et l'é-« quipement	20,000
« Pour la campagne d'hi-« ver et le transport du « matériel, etc. ; et enfin « dix autres cages, pour « le mois de mars, des-« tinées à l'exposition.	16,000
« Cela fait un total de	84,000 fr.

« Sur cette somme, il faut compter que le
« tiers nous sera demandé comptant au mo-
« ment de la livraison vers le 20 septembre,
« et que nous obtiendrons un délai de trois
« mois au moins pour le restant. C'est là-
« dessus qu'il faut calculer et voir si nous de-
« vons chercher des sociétaires. Mon apport
« à moi, équivaut je crois, à la moitié du ca-

« pital, puisque c'est là-dessus que repose
« l'avenir de l'entreprise. Si nous avions été
« seuls, vous et moi, la chose était simple :
« il ne s'agissait que de partager les béné-
« fices par moitié. Si au contraire, nous ad-
« mettons des sociétaires, comment la ques-
« tion d'intérêt pourra-t-elle se régler entre
« nous et les capitalistes? Toute la question
« est là. Veuillez me faire part de vos idées à
« ce sujet, et je vous dirai si je les approuve.
« Vous remarquerez que chaque piège aura
« son essieu et ses roues pour que nos
« hommes puissent les traîner, du campe-
« ment à la place où ils devront être tendus ;
« et de même après que les lions seront *de-*
« *dans.* Quatre hommes suffiront pour chaque
« piège, et nous n'aurons besoin que de
« deux cages pour chaque campement ; les
« autres resteront à la ville d'où nous les fe-
« rons venir au fur et à mesure des besoins ;
« tout cela est très-bien.

« Je ne saurais vous en vouloir, mon cher
« monsieur Pertuiset, de ne pouvoir réaliser.
« Je vais faire en sorte de sortir d'embarras
« autrement, et si vous pouviez m'envoyer
« un billet de mille francs pour la fin de ce

« mois, la chose serait facile. Répondez-moi
« vite au sujet du capital et croyez-moi tou-
« jours votre affectueux serviteur. »

Huit jours après, une complication :

Paris, 20 *juillet* 1861. — « Nous avons fait
« un beau rêve, nous voilà éveillés. J'ai visité
« mes amis pour obtenir des sociétaires ; ils
« sont tous ou à la campagne ou aux bains de
« mer. Je ne vois donc plus qu'un homme
« pouvant se joindre à nous pour cette affaire :
« ce serait quelqu'un qui aurait gagné de l'ar-
« gent avec le public. Malheureusement je ne
« connais personne ici dans ce monde-là. Si,
« de votre côté, vous connaissez quelqu'un,
« vous me le direz et nous suivrons l'affaire.»

Le 27 octobre de la même année, je n'étais
point encore de retour à Paris. Gérard m'é-
crivit :

« Je vous attends pour faire imprimer nos
« statuts. »

Paris, 19 *novembre* 1861. — « J'ai fait auto-
« graphier un certain nombre de statuts de la
« Société et les ai envoyés aux personnes sur
« lesquelles je compte pour former le comité.
« Jusqu'à présent, je n'ai encore que deux

« adhésions *bonnes*; les autres n'ayant pas eu
« le temps de me répondre.

« Je regrette que vous restiez si longtemps
« éloigné de Paris, parce que j'aurais eu à
« vous proposer une autre affaire que je crois
« excellente et qui m'a été proposée. Quand
« vous serez de retour, nous en parlerons s'il
« en est temps encore. Merci pour la traite
« que vous m'offrez et que j'accepte volon-
« tiers.

« *P. S.* — Ne pourriez-vous pas trouver
« quelqu'un en Suisse pour l'affaire des lions?
« Il faudrait deux cent mille francs. »

Sur ces entrefaites, il me parut que la
« grande affaire » ne se présentait pas comme
il convenait, et je hasardai quelques observations. La réponse ne se fit pas attendre :

Paris, 30 *janvier* 1862. — « De même que je
« suis toujours prêt à reconnaître une erreur
« quand je me suis trompé, de même je n'ac-
« cepte jamais un reproche non mérité. Vous
« parlez d'ingratitude et de conventions faites
« d'abord, et que maintenant je chercherais à
« ne pas tenir. Malheureusement pour moi,
« j'ai le défaut d'être trop *désintéressé*. Si
« j'étais organisé autrement, avec les goûts

« d'ordre et d'économie que j'ai toujours eus,
« je n'aurais pas à me donner tant de peine
« pour mener à bien un projet d'une grande
« utilité publique. Expliquons-nous donc. Dès
« le principe, il a été convenu que nous fe-
« rions ensemble cette affaire africaine. Vous
« devez vous rappeler que je comptais *alors*
« que chacun de nous ferait son apport ; c'est-
« à-dire, vous le capital, moi le nom, les rela-
« tions, mon passé en Afrique, et enfin mon
« temps. L'apport pouvait être égal des deux
« côtés ; dans tous les cas, vous reconnaîtrez,
« j'en suis sûr, que mon apport égalait le
« vôtre. Vous saurez aussi qu'au lieu du ca-
« pital *utile* pour mener la chose à bien, vous
« n'avez pu en proposer *qu'une partie*, et
« que c'est alors que j'ai pensé à faire une
« société africaine. Je vous prie de regarder
« un instant en arrière, de comparer la si-
« tuation d'*alors* à celle d'*aujourd'hui*. Qui a
« fait tout ce chemin, si ce n'est moi ? Et avec
« quels moyens l'ai-je fait ? S'il vous plaît d'y
« réfléchir, vous verrez que c'est sans autre
« moyen que les économies prises sur mon
« travail intellectuel.

« Telle est aujourd'hui la situation véritable.

« Je ne vous ai rien demandé pour les trois
« ou quatre impressions que j'ai fait faire
« des statuts; rien pour les mille courses;
« rien pour les correspondances de chaque
« jour; et au moment de terminer la fon-
« dation de l'affaire, vous venez me dire
« que je ne tiens pas vis-à-vis de vous les pro-
« messes que je vous avais faites : ceci est, ou
« un *malentendu*, ou une appréciation fausse de
« notre situation respective. Il faut tirer cela
« au clair, parce qu'il n'y a rien de pire que
« les choses mal expliquées et qui prêtent à
« une double entente. Nous sommes conve-
« nus, il y a six mois, de faire *ensemble* l'af-
« faire des lions. Le capital utile ayant man-
« qué, nous avons pensé à fonder une *société*
« *africaine*. Tout ce qui a été fait depuis ce
« temps-là a été fait par moi seul ; vous ne le
« nierez pas, je l'espère. Aujourd'hui pour en
« finir, il me manque quelques milliers de
« francs : vous me les offrez et je les accepte.
« A quelles conditions? Le traité que je vous
« adresse et que j'avais écrit hier soir, vous le
« dira. En résumé : 1° Les sommes que vous
« apporterez dans l'affaire vous seront rem-
« boursées par la Société ; 2° Je vous garantis

« une position, ou si vous aimez mieux *une*
« *rente* de trois mille francs *par an*, avec la
« qualité de lieutenant ou de sous-directeur
« des chasses ; 3° Je m'engage à vous fournir
« une collection d'animaux et les hommes du
« pays pour l'exposition, en vous donnant *la*
« *moitié* des bénéfices ; 4° Je m'engage à vous
« donner un tiers des bénéfices de toutes
« autres opérations auxquelles vous aurez pu
« m'aider.

« Voilà toute l'affaire. Veuillez examiner le
« traité et me faire connaître votre décision.
« Quant au journal, il était convenu que vous
« partageriez avec moi *les bénéfices* si nous
« avions pu le fonder avec nos propres
« moyens. Ces moyens nous ayant fait défaut,
« je dois chercher une combinaison nouvelle.
« Rien n'est encore décidé. Si vous avez les
« fonds pour cela, je suis prêt à le faire de
« *préférence* à une association. »

Je passe quelques lettres sans intérêt pour
le lecteur, quoiqu'il soit question de M. De-
lessert et d'un maréchal de France. Jules
Gérard part pour Londres, et c'est de là que
sont datés les documents que voici :

Londres, 6 *février* 1862. — « J'ai reçu vos

« deux lettres et la somme de cinq cents
« francs. Il suffit que nous ayons besoin d'é-
« conomiser pour que tout vienne nous con-
« trarier. Voilà maintenant que je dois quitter
« Saint-James-Palace pour faire place à lady
« Seymour qui est la mère du bon colonel.
« J'ai retenu une chambre dans Saint-James
« street, pour une livre par semaine. C'est
« donc une dépense en plus sans compter
« celle du déjeuner. Comptez sur moi comme
« par le passé pour tout faire dans l'intérêt
« commun. »

Le 3 mars, j'envoie mille francs dont Gérard
m'accuse réception, et le 5 mai, notre homme
m'avertit en ces termes de l'état de nos af-
affaires.

Londres, 5 mai 1872. — « Aucun des amis de
« M. Brignole ne regarde l'affaire du tir
« comme *bonne*. Ils considèrent tous la chose
« au point de vue *anglais*. Il faut donc y re-
« noncer et porter tous nos efforts sur la se-
« conde affaire. J'ai dîné hier soir à Twin-
« kenham, où nous sommes allés ensemble,
« et on y est tout disposé à protéger la So-
« ciété. Lord Vernon, que j'ai vu il y a quel-

« ques jours en soirée, a donné son nom
« comme membre fondateur. »

Continuons notre dépouillement :

Londres, 7 *mai* 1862. — « Je reçois aujour-
« d'hui votre lettre et son *contenu*. J'espère
« que la position difficile dans laquelle vous
« vous trouvez ne sera pas de longue durée,
« et que les affaires n'en éprouveront aucun
« mauvais résultat. Je viens de recevoir la
« traduction des statuts de la Société et de
« m'informer du prix d'impression. Les deux
« premiers mille coûteront trois ou quatre
« livres sterling, suivant le papier. Les so-
« ciétés de Géographie et Protectrice ayant
« ensemble deux mille cinq cents membres,
« je serai obligé de faire tirer à quatre mille
« pour pouvoir en distribuer aussi ailleurs.
« Vous voyez qu'avec cela et les dépenses les
« plus *indispensables*, je vais me trouver à sec.
« Faites en sorte que, faute de moyens suffi-
« sants, nous ne fassions pas naufrage quand
« nous sommes si près du port. Tout le monde
« arrive à Londres et je reçois beaucoup de
« visites et d'invitations. Malheureusement,
« il pleut sans cesse, et ne pouvant sortir à
« cheval, je dois prendre des voitures. »

Tout commentaire étant inutile, je poursuis les citations :

Londres, 19 *mai* 1862. — « J'attendais ce
« matin l'envoi que vous m'aviez annoncé
« pour payer le premier tirage des prospectus
« traduits en anglais, et je n'ai rien reçu.
« Veuillez, je vous prie, envoyer bien vite,
« pour ne pas nous trouver dans une fausse
« position. Notre fond de roulement est au-
« jourd'hui à *deux livres et demie*. Quant aux
« affaires, elles vont aussi bien que possible.
« J'ai trouvé un photographe qui enverra un
« homme avec nous et entrera dans les frais
« de l'expédition pour 25,000 francs, et deux
« chasseurs qui viendront aussi et entreront
« dans les frais pour chacun 10,000 francs.
« Lorsque les deux journaux des chasseurs
« *anglais* vont publier les statuts de la Société,
« il n'est pas douteux que nous en aurons
« bien d'autres. Le 26 est l'anniversaire de la
« Société royale de géographie ; et, ce jour-là,
« tous les membres sont présents. Le prési-
« dent a eu l'attention de renvoyer à ce jour-
« là ma présentation à la Société royale et
« l'exposé du programme de la Société afri-
« caine dont les membres augmentent sensi-

« blement et sont tous des hommes considé-
« rables.

« Voilà où nous en sommes. Veuillez, je
« vous prie, ne pas me laisser dans une posi-
« tion fausse qui pourrait tout compromettre,
« et me croire votre affectueux serviteur. »

Je saute la lettre suivante, dans laquelle
Gérard se fait fort, si l'empereur Napoléon III
y consent, de relever le Tir national de Vincennes, et je résume en quelques mots une
« grande et bonne nouvelle » que m'annonce
mon « associé » : un banquier anglais a eu
« assez de confiance » dans le succès de l'association africaine pour faire les fonds. Il pro-
met des lettres de crédit de 25,000 francs. Il
n'y a pas de temps à perdre.

Le surlendemain, la situation apparaît moins
brillante.

Londres, 29 *mai* 1862.— « Je comprends très-
« bien la difficulté de votre position; mais il ne
« s'agit pas d'un service à rendre : c'est le salut
« ou la perte de notre temps et de votre ar-
« gent qui sont en jeu. Vous avez, jusqu'à ce
« jour, avancé plus de trois mille francs pour
« la Société africaine. En faisant encore l'a-
« vance de mille francs, vous serez remboursé

« du tout le *mois prochain*, et les avantages que
« nous attendons *ensemble* de cette société
« pourront être réalisés. Dans le cas contraire,
« il ne me reste plus qu'à demander à un
« Français de l'Exposition, qu'il me mette à
« même de retourner à Paris, et l'affaire en
« restera où elle est, c'est-à-dire dans la posi-
« tion d'un navire qui est en vue du port et ne
« peut y entrer faute d'un vent favorable. Il
« nous faudra alors renvoyer la continuation
« de l'affaire à une autre époque, et vous sa-
« vez que nous n'aurons alors aucune chance
« de réussir, puisque nous l'aurons aban-
« donnée au bon moment.

« Voilà, mon cher monsieur Pertuiset, l'ex-
« posé sincère de notre position. Il m'en coû-
« tera certainement, plus qu'à vous, de voir
« s'écrouler un édifice élevé, après tant de
« peines, jusqu'au toit ; mais j'aurai la conso-
« lation d'avoir fait tout ce que je pouvais
« faire ; et mon seul regret sera de n'avoir pu
« réussir pour que la *seule* personne qui m'a
« aidé de son argent, non-seulement n'éprouve
« aucune perte, mais encore ait trouvé dans
« l'exécution de nos projets tous les avan-
« tages que je désirais bien franchement par-

« tager avec elle. Cette personne c'est vous.

« Quant à moi, comme après m'être telle-
« ment avancé auprès des Sociétés de géogra-
« phie et tant de hauts personnages, je pa-
« raîtrais ridicule en restant à Paris, mon
« intention est de partir *seul* pour quelque
« long voyage que je pourrai faire *sans ar-*
« *gent*.

« En vous écrivant cette lettre, je consulte
« l'état de nos finances, et je trouve qu'il me
« reste *une* livre sterling. Veuillez, mon cher
« monsieur Pertuiset, prendre au plus vite
« une détermination et me l'écrire courrier
« par courrier. Dans l'espoir qu'elle sera de
« nature à préserver nos intérêts communs,
« je suis tout à vous. »

Six semaines après, l'horizon s'obscurcit
encore :

Londres, 23 *juin* 1862. — « Les affaires
« touchent à leur fin, et je reviendrai bientôt
« à Paris. Envoyez-moi, je vous prie, les der-
« niers cent francs dont nous sommes conve-
« nus. »

Londres, 15 *juillet* 1862. — Le banquier qui
« devait faire les fonds de la Société africaine,
« vient de faillir. Je suis, depuis deux jours, en

« relation avec un autre. Vous saurez bientôt
« le résultat bon ou mauvais. »

Dans le courant du même mois, les choses
semblent prendre meilleure tournure ; mais
elles se gâtent à la mi-août ; elles s'aggravent
quelques jours après, et comme ma patience
se lasse à la fin, Jules Gérard s'efforce d'a-
paiser mon mécontement. Je reproduis ce document qui résume l'odyssée :

Londres, 29 *août* 1862. — « Je viens vous
« donner les renseignements que vous désirez
« sur la Société africaine. Seulement, per-
« mettez-moi de vous dire que les termes
« dans lesquels est écrite votre dernière lettre
« m'ont fait *beaucoup* de peine. Nous voulons,
« vous et moi, réunir les moyens de capturer
« un certain nombre de lions, panthères, etc.,
« au moyen de pièges et des Arabes que j'em-
« ploie ordinairement dans mes grandes
« chasses.

« Pour obtenir ces moyens et faire quelque
« chose d'utile, j'ai pensé qu'il serait bon de
« former une société. Après avoir obtenu un
« certain nombre d'adhésions en France, je
« suis venu en Angleterre espérant y trouver
« un chiffre de nouvelles adhésions assez im-

« portant pour faire ensuite un voyage en
« Allemagne, en Hollande, etc., dans le même
« but. Les adhésions que j'ai obtenues jus-
« qu'à ce jour tant en France qu'en Angle-
« terre ne dépassent pas le chiffre de *quatre-*
« *vingts*. La cotisation des membres étant de
« 50 francs, cela fait 4,000 francs. J'en ai dé-
« pensé 3,000 en *trois mois ;* il me reste 1,000
« francs pour suivre l'affaire. Si les Anglais
« n'ont pas souscrit en plus grand nombre,
« c'est qu'ils ont cru qu'il s'agissait d'une so-
« ciété par actions, et qu'ils ont craint de s'en-
« gager pour plus que leurs souscriptions.
« On me conseille, *pour réussir*, de faire mon
« voyage d'exploration en Afrique, de revenir
« au mois d'avril prochain à Londres, d'écrire
« une relation de mon voyage et d'en faire
« des lectures publiques, d'abord à la Société
« de géographie , ensuite dans les salons de
« l'aristocratie. C'est un usage en Angleterre.
« Le produit de ces lectures et de la vente des
« livres me permettrait d'entreprendre ce que
« je veux. Le conseil me paraît excellent et je
« vais m'efforcer de le mettre à exécution. »

Le 1ᵉʳ octobre, surviennent de nouveaux
désagréments.

Le tueur de lions quitte Londres, se rend à Manchester et m'avertit qu'il lui faut beaucoup d'argent pour son grand voyage.

Voilà, d'après les documents que je possède, le résumé impartial de l'histoire de mes relations avec Jules Gérard.

J'ai cru utile de reproduire quelques feuillets de la longue correspondance à moi adressée, afin d'éclairer d'un jour nouveau la physionomie de cet homme courageux. Cela m'a semblé être une préface nécessaire, puisque mes rapports avec Gérard m'ont, en partie, décidé à marcher sur ses traces.

CHAPITRE PREMIER

Mes préparatifs de départ. — Dîner d'adieux. — Trois chasseurs pour rire. — Fausse route. — Un nouveau compagnon. — Arrivée à Philippeville. — En route pour Saint-
Charles. — Jemmapes. — Salah-ben-Amar. — Les traces
du lion. — L'affût du baron.

Léon Bertrand, dont j'ai parlé plus haut,
reçut le premier la nouvelle officielle de la
mort de Jules Gérard, nouvelle annoncée déjà
par les journaux, mais avec les plus grandes
réserves. Il me montra une lettre du consul de
France à Sierra-Leone, laquelle ne permettait
plus de douter de la catastrophe.

— Maintenant, me dit-il, vous n'avez plus
à attendre, l'héritage vous appartient; à quand
le départ?

— Dans quinze jours, répondis-je, sans hésitation : Je ne me suis pas mis en route plus
tôt, ne voulant point, par un sentiment de

délicatesse facile à comprendre, marcher sur les brisées de notre ami commun; nous devions affronter ensemble le danger; le voilà mort, il m'a légué son titre que j'accepte, et il me semble qu'en tuant des lions, je le vengerai.

— Bonne chance, et à bientôt les adieux.

Le soir même, j'annonçai mon départ pour l'Algérie, et trois de mes amis s'offrirent à m'accompagner.

J'acceptai leur concours. Objets de campement, costumes, tout fut aussitôt commandé. Devisme fournit les carabines et nous invita, dans sa magnifique propriété d'Argenteuil, à un dîner d'adieu auquel il convia les principales célébrités cynégétiques de Paris.

A la suite de ce festin, le *Sport* publia, le 28 décembre 1864, l'article suivant :

« A peine la mort de Jules Gérard, le tueur de lions, est-elle présumée, que, même avant qu'un document certain, *officiel*, encore attendu à l'heure qu'il est, confirme cette triste nouvelle, se présentent à la fois plusieurs généreux émules, jaloux de marcher dans la voie qu'il a si brillamment tracée le premier et que quelques imitateurs, toujours un peu pâles à côté de cette grande figure historique qui les éclipse, ont tenté de suivre après lui.

« De son vivant, Jules Gérard, éprouvant le besoin de se reposer sur ses lauriers, avait fait appel à un successeur ; appel éloquent que nous avons tous lu. Avec cette autorité qui n'appartenait qu'à lui, et sous forme de conseils, auxquels son expérience pratique donnait un grand poids, il avait même indiqué à son futur remplaçant la ligne de conduite qu'il aurait à tenir pour triompher des dangers du métier. Mais, soit modestie, soit manque de vocation, jusqu'à ce jour aucun élève n'avait osé accepter la mission proposée ; aucun prétendant même, ne s'était franchement montré, quoi qu'on ait pu dire et faire, à la suite de quelques essais plus ou moins heureux, à la hauteur du maître.

« Un tel héritage, si matière à héritage il y a, ce dont nous déclarons douter encore, ne pouvait en tout état de cause, appartenir qu'à un admirateur sincère de l'homme, et non à des rivaux jaloux de sa popularité et de sa gloire. Pour être en position de l'accepter carrément sans inventaire, il fallait mieux que le premier venu ; il fallait un ami personnel du héros, longtemps confident de ses pensées les plus intimes ; partageant en frère avec lui, la bonne comme la mauvaise fortune, applaudissant du fond du cœur à ses succès, et prêt à s'y associer, la carabine à la main, soit en tête-à-tête au fond des ravins solitaires de l'Atlas, soit en public, devant la cible d'un tir.

« Or, veut-on savoir aujourd'hui quel est l'intrépide champion qui se présente la tête haute pour réclamer la succession du tueur de lions, en admettant qu'elle soit vacante? C'est un des plus brillants lauréats du Tir national de Vincennes, lors de la première année de sa fondation, M. Pertuiset qui, sept fois couronné alors, a toujours su se maintenir, tant en France qu'en Suisse, à la hauteur de ces glorieux débuts.

« Accompagné de trois compagnons de chasse, non moins solidement trempés que lui, trois fils de saint Hubert, animés à son instar du feu sacré, M. Pertuiset doit s'embarquer dans la première quinzaine de janvier pour cette terre d'Afrique, aux émotions cynégétiques toujours nouvelles, où Jules Gérard a su porter si haut l'honneur du nom français.

Sur quelque point du littoral que débarquera
cette petite troupe expéditionnaire, dont la
devise unique est « *l'union fait la force*, » nous
ne tarderons point, grâce au chef qui la commande, et aux vaillants compagnons enrôlés
sous sa bannière, à entendre parler d'elle ; les
lions et les panthères non plus. »

Les préparatifs se terminaient, lorsqu'un
de mes compagnons s'excusa pour affaires de
famille.

Les deux autres, vêtus d'une veste et d'un
pantalon en drap vert, de grandes guêtres de
cuir montant jusqu'aux genoux, d'un chapeau
tyrolien en feutre surmonté d'une plume de
coq, se promenaient fièrement sur le boulevard, heureux de se montrer en semblable
costume et dédaignant les sourires qui les
accueillaient au passage.

Ils brûlaient du désir de s'embarquer ; je
les laissai partir en avant, leur donnant rendez-vous à Marseille pour le dernier jour de la
semaine.

Leur tenue produisit une grande sensa-
tion dans la ville ; et, lorsque je les rejoignis,
leur enthousiasme était au comble. Sur le
port, dans les rues, dans les cafés, à table

d'hôte, on ne voyait, on n'entendait que ces Nemrods qui juraient d'exterminer tous les animaux féroces de l'Afrique.

La veille de notre départ, à dîner, l'un d'eux me dit de manière à être entendu par tout le monde :

— Si ces messieurs se doutaient qu'ils ont à côté d'eux trois tueurs de lions!...

— Doucement, mon ami, interrompis-je, nous en avons le costume, mais c'est tout.

— Oh!... je ne reviendrai pas sans en avoir tué une vingtaine.

— Je me contenterai de dix, ajouta modestement mon second compagnon.

— A moi, messieurs, un seul suffira.

Et je les quittai, en leur recommandant de se trouver, à une heure précise, le lendemain, sur la *Mersey*.

Ce bateau des Messageries impériales faisait route pour Alger.

Longtemps avant l'heure indiquée, j'étais à bord. La cloche sonna; je me promenais sur le pont, attendant avec impatience mes compagnons, fouillant du regard tous les coins du port : personne. On détacha les amarres : je suppliai le capitaine d'attendre quelques minutes encore, mais il eut l'air de ne pas m'entendre et donna le signal du départ.

Qu'était-il arrivé aux deux vaillants chasseurs, à ces deux héros pleins d'ardeur? Mystère !

Nous étions à la hauteur du château d'If, lorsqu'un officier d'artillerie s'approcha de moi :

— Vous allez, me dit-on, monsieur, chasser le lion en Afrique ?

— En effet.

— Vous ne connaissez pas le pays !

— Ma foi, non, et cela ne m'inquiète guère; ces animaux n'ont pas de demeures fixes, que je sache.

— Ils n'en ont même pas dans la province d'Alger.

— Que dites-vous?

— Je dis que depuis plus de vingt ans, on n'a pas rencontré un seul lion aux environs d'Alger.

— Et où donc les trouve-t-on?

— Dans la province de Constantine. Vous auriez dû prendre le bateau de Philippeville, qui part tous les vendredis.

N'en écoutant pas davantage, je courus droit au capitaine :

— Capitaine, lui dis-je, en proie à la plus vive agitation, faites arrêter immédiatement votre bateau.

— Pourquoi cela ? Un homme est-il tombé à la mer?...

— Non, monsieur ; mais je me suis trompé de route : au lieu de m'embarquer pour Alger, c'est à Philippeville que je devais me rendre.

Pour toute réponse, le capitaine me tourna le dos. Malgré ma colère, il fallut me résigner. Les passagers, au reste, me firent justement observer que le bateau, portant des dépêches, ne pouvait perdre plusieurs heures, et qu'a-près un court séjour à Alger, je pourrais aisé-ment gagner Philippeville.

On s'étonnera peut-être de cet embarquement à la légère ; rien n'est plus facilement expli-cable : Bombonnel et deux autres chasseurs qui, eux aussi, voulurent imiter Jules Gérard, s'étaient, peu de temps avant mon départ (les journaux me l'avaient appris), donné rendez-vous à Alger pour, de là, rejoindre Chas-saing. Il me semblait naturel de suivre le même chemin. Quoi qu'il en soit, la traversée s'acheva sans graves accidents, mais mon voyage commençait mal, et de plus graves mésaventures m'attendaient.

J'employai la semaine qui suivit notre arrivée, à visiter Alger et ses environs ; puis je repris passage sur le courrier de Philippeville, une corvette de l'Etat, dont le *coq,* soit dit en passant, était un triste cuisinier. Si la *Mersey* rappelait le café Riche, en revanche, la *Gorgone* faisait songer aux restaurants à vingt-deux sous.

Enfin, débarqué à Stora, je recueillis aussitôt les renseignements nécessaires à mon entreprise. Un grand jeune homme blond, le baron S***, dont j'avais fait connaissance pendant la traversée, et qui m'avait demandé à me suivre pendant quelques jours, m'accompagnait.

On nous assura bientôt qu'il ne fallait point, en effet, s'inquiéter de la province d'Alger. Je devais également négliger la province d'Oran, dont le littoral est complètement dépourvu des fourrés que recherchent les grands carnassiers, et dont les forêts, situées à une grande distance de la mer, entre Mascara, Bel-Abbès et Tlemcen, ne consistent qu'en broussailles clair-semées, très-rarement fréquentées par les lions.

J'étais donc bien sur le véritable terrain où abondent les bêtes féroces dont les déprédations nocturnes s'exercent surtout aux environs de Bone et de Jemmapes.

Me rappelant les recommandations de Gérard, et désireux de vaincre les difficultés qu'il m'avait annoncées, je m'informai soigneusement avant d'entrer en campagne. La fraicheur des nuits ainsi que les pluies rendant l'affût difficile dans les régions centrales, je songeais à me diriger vers Soukaras, extrême frontière de la province de Constantine, du côté de la Tunisie, lorsqu'un des nombreux chasseurs qui vinrent me voir, me conseilla de gagner le village de Saint-Charles. Il m'affirma que, la veille, près de cette localité, les fauves avaient dévoré deux vaches.

De plus, le conducteur de la diligence de Philippeville à Bone, jura ses grands dieux avoir vu deux lions couchés en travers de la route, à environ cent mètres de sa voiture; il avait attendu forcément leur éloignement,

disait-il, car ses chevaux refusaient d'a-
vancer.

Ces deux récits semblaient se confirmer. Je
me procurai aussitôt une voiture, une charrette pour les bagages, et nous nous mîmes en
route pour Saint-Charles.

Nous arrivâmes bientôt au village et, à peine
à l'auberge, tandis qu'on dételait, j'interro-
geai anxieusement tout le monde, demandant
à être conduit sans retard à l'endroit où, la
veille, les lions avaient dévoré deux vaches.

— De quels lions parlez-vous? me répondit
l'aubergiste.

— Comment! Vous ne les avez pas entendu
rugir la nuit dernière?

— Je n'ai rien entendu, absolument rien ;
et personne, dans le village, ne m'a dit un
mot de cela.

— Eh! fit-il, appelant un homme qui passait, monsieur le maître d'école, vous qui êtes
toujours bien renseigné, avez-vous ouï dire
que des lions aient dévoré des vaches, près
d'ici, cette nuit?

— Certes, répondit l'instituteur en riant ; le
fait est exact, seulement il s'est passé il y a
trois ans ; et, depuis lors, nous avons dormi

tranquilles. Mais, si monsieur tient à chasser ces animaux, je vais lui donner un bon conseil.

— Lequel?

— Allez à Jemmapes; aux environs de ce village, presque toutes les nuits, les troupeaux sont attaqués par les bêtes féroces.

— Oh! une fois là, on m'enverra probablement plus loin!..

— Non; vous pouvez me croire.

Il parlait avec une telle assurance, que je me décidai à continuer ma route sur-le-champ; et, le soir même, vers neuf heures, nous arrivions à Jemmapes.

Ma première visite fut pour le commissaire civil auquel je remis une lettre de recommandation. Ce fonctionnaire me reçut bien, me confirma les paroles de l'instituteur; et, dès le lendemain matin, il m'amena un Arabe nommé Salah-ben-Omar, ancien spahis, qui parlait assez couramment le français, et pouvait me rendre de grands services.

Quand le commissaire nous eut quittés, Salah me dit d'un ton mystérieux : Les endroits fréquentés par le saïd (c'est ainsi que les Arabes appellent le lion) me sont connus ; viens avec moi et, certainement, avant huit jours tu réussiras.

— Je te suivrai partout où tu me conduiras, quand partons-nous ?

— Aujourd'hui même.

A midi, nous montions à cheval, toujours avec le fidèle baron. Notre troupe se composait, en outre, d'un guide et d'un serviteur arabe engagé par moi pour veiller aux bagages.

Après plusieurs heures de marche, nous arrivâmes à la tribu de Salah-ben-Omar. Celui-ci, tandis qu'on dressait les tentes dans le voisinage du douar, me conduisit dans une forêt de chênes-liége, et me montra du doigt, sur le sol, les empreintes d'un lion.

Me baissant pour les examiner soigneusement, et les suivant pendant environ cinquante pas, j'acquis la certitude que ces traces dataient de plusieurs semaines.

Salah, à qui j'en fis la remarque, me répondit sentencieusement :

— Tu as raison ; puisque le lion est venu, il peut revenir.

— Je te crois ; cherchons maintenant un endroit favorable à l'affût.

— J'en suis ! cria le baron.

— Entendu ; mais à une condition : vous vous placerez loin de moi.

— Soit !

Nous fîmes quelques pas dans la forêt, et bientôt mes regards se portèrent sur une broussaille se dressant à l'intersection de deux sentiers. Je la désignai d'un geste à Salah.

— Oui, dit-il, c'est la bonne place.

— Maintenant, au tour du baron. Eh bien ! mon cher compagnon, avez-vous trouvé quelqu'endroit favorable ?

Celui-ci, la tête en l'air, semblait mesurer la hauteur des chênes-liége.

— Avez-vous envie de vous percher ? lui demandai-je.

— Ma foi, n'ayant pas l'habitude de cette chasse de nuit, je me percherai, comme vous dites, sur l'arbre que vous voyez là-bas ; cela me semble plus prudent.

— En effet, c'est d'un homme de précaution ; mais, quoique là-haut, défense absolue vous est faite de tousser ou de fumer.

— Soyez tranquille.

CHAPITRE DEUXIÈME

Première nuit d'affût. — Cernés par les Arabes!... — Le pan-
talon du baron. — Un terrible accident. — La mort de
Salah. — Entre les mains de la justice. — Une enquête.
— Pleurs et gémissements. — Départ du baron.

Le soir, vers six heures, j'aidai le baron à
grimper sur son arbre, et je me plaçai à mon
poste.

Bientôt retentirent de tous côtés, dans la
nuit, les jappements des chacals, mêlés aux
hurlements des hyènes et aux aboiements des
chiens de la tribu. C'était un vacarme effroyable, assourdissant, et l'on eût pu croire à une
soudaine irruption des lions au milieu du
douar.

Peu à peu, je m'accoutumai à ce tintamarre,
et je distinguai au milieu du concert, une voix

singulière à laquelle, dans le lointain, répondit aussitôt une voix semblable.

Les cris se rapprochèrent; croyant que c'était des Arabes qui s'appelaient, j'écoutai plus attentivement, et reconnus la voix de la chouette.

A ce moment le baron toussa fortement. Je me gardai bien de lui répondre, ne songeant point sans un malin plaisir à sa gênante position.

Vers deux heures du matin, décidé à mettre un terme au supplice qu'il devait endurer, je m'approchai de son arbre, en criant à tue-tête, pour éviter de recevoir une balle par méprise.

— Ohé!... comment allez-vous là-haut?

— Mal, très-mal.

— Vous n'êtes pas commodément assis ?

— Non; mais ce n'est rien.

— Qu'avez-vous donc?

— D'horribles douleurs d'entrailles.

— Descendez.

— A aucun prix.

— Pourquoi?

— Nous sommes cernés par les Arabes.

— Bon! repris-je en riant, vous n'êtes cerné

que par des chouettes qui se répondent depuis une heure, et dont la voix imite celle de l'homme.

— Vous êtes certain de cela?

— Sans doute. Allons, venez, et je vous reconduirai sous la tente.

— Non, vous ne me dites pas la vérité. Tenez, entendez-vous encore les cris des Arabes?... Et puis, maintenant..., les rugissements des lions?

— Restez sur votre branche, baron, puisque vous y tenez. Moi, je m'en vais.

— Arrêtez! arrêtez!

Et il se laissa glisser le long de l'arbre. Mais à peine eût-il touché terre, qu'il arma précipitamment sa carabine; puis il me suivit, tremblant de tous ses membres, s'arrêtant au moindre bruit, tressaillant à chaque buisson dont la forme apparaissait indécise dans la nuit.

Une fois sous la tente, Salah nous fit du café, et aida le baron à se dépouiller de ses vêtements mouillés. Le pantalon ne possédait plus de fond.

Quand il fut un peu réchauffé, mon compagnon me dit en se frottant les mains :

— Me voilà mieux ; mais plus de chasse au lion ; allez-y seul, si bon vous semble : avant peu je prendrai congé de vous.

— Vous avez raison, baron. Tous les marchands de l'Algérie ne suffiraient pas à vous fournir assez de drap pour vos fonds de culotte.

Pour toute réponse, il me lança un regard foudroyant, et moi je retournai jusqu'au matin auprès de ma broussaille. A mon retour, mon brave était debout, attendant impatiemment les nouvelles des indigènes qui nous « cernaient ». Je ne parvins pas à lui arracher cette croyance.

Nous déjeunâmes de quelques perdrix que je tuai et que le baron pluma. L'infortuné souffrait cruellement ; il pouvait à peine s'asseoir : sa station sur le chêne-liége l'avait endommagé ; mais il prit le parti d'en rire.

Nous terminions gaiement notre repas, lorsque Salah revint d'une excursion matinale.

— Sois heureux, fit-il, je viens de reconnaître le passage de trois lions et d'une panthère dans la forêt voisine.

— Tu dois te tromper, je les aurais entendus cette nuit.

— Salah ne ment pas, viens avec moi.

Je le suivis et m'assurai de l'exactitude du renseignement. Je donnai aussitôt à l'Arabe l'ordre de me procurer un bœuf, m'engageant à payer deux fois la valeur de la bête, dans le cas où elle serait dévorée, et à donner dix francs chaque fois pour la location de ce figurant, ou plutôt de cet acteur du drame.

Une heure après l'animal était solidement attaché à un piquet.

Comme le soir précédent, assis au milieu d'une broussaille, sur un talus haut d'un mètre environ et à cinq pas du bœuf, j'attendis.

Tenant à la main ma carabine double de Devisme, à balle explosible, je plaçai en outre, à ma portée, sur des branchages, un fusil simple de petit calibre, tout armé.

Salah avait la consigne de venir me chercher vers onze heures avec de la lumière, dans le cas où la pluie qui commençait, tomberait trop abondamment.

Pendant trois heures environ, je tins bon sous l'averse, trempé dès pieds à la tête, malgré mon épais manteau. — Pas le moindre rugissement de lion. Enfin, comme le temps commençait à me sembler long, j'aperçus une lueur qui se dirigeait de mon côté, et j'entendis la voix du baron qui, de loin, me hêlait.

— Par ici, par ici, répondis-je.

Il m'eut bientôt rejoint en compagnie de Salah et de deux Arabes dont l'un portait une lanterne.

— Vous êtes mouillé? me dit-il.

— A ce point que j'ai peine à me relever.

J'achevais de prononcer ces paroles, lorsque, à côté de moi, une détonation retentit, et Salah tombant à la renverse s'écria : Allah! Allah! Allah!

Nous courûmes à lui. Il poussait de longs gémissements. J'appelai le porteur de la lanterne; cet homme avait disparu. Alors à tâtons, je palpai les membres de Salah; le sang coulait de la jambe que je bandai, à tout hasard, avec des mouchoirs. Au bout d'une demi-heure, le second Arabe envoyé par moi en grande hâte à la tribu, revint accompagné, suivant mes ordres, de plusieurs indigènes munis de lanternes, et d'un colon nommé Tengui, quelque peu chirurgien.

Une balle avait traversé le gras du mollet de haut en bas; la blessure ne semblait présenter aucune gravité, et le pansement ranima le pauvre diable.

— C'est de ma faute, ne cessait-il de répéter, pourquoi ai-je touché le buisson ?...

Je compris alors ce qui s'était passé. L'imprudent, au lieu de se contenter d'aller détacher le bœuf, avait voulu voir comment je m'étais placé et, s'approchant de la broussaille sur laquelle était posé mon petit fusil, il l'avait fait tomber : l'arme étant à double détente, partit, rencontrant sans doute quelque obstacle ; le moindre frottement suffisait à abattre le chien.

Nous transportâmes Salah jusqu'à son douar, où on lui fit un nouveau pansement ; mais ses quatre femmes s'approchèrent en jetant des cris perçants.

Bientôt une trentaine d'Arabes accoururent, mêlant leurs lamentations à celles des épouses éplorées. Ils s'agitaient dans l'ombre, levant les bras au ciel, éclairés de temps à autre par les lueurs vacillantes d'un feu devant lequel ils passaieut et repassaient comme des démons, en répétant leurs clameurs, et en vociférant d'une voix lugubre et retentissante leur éternel Allah !

Tandis que je regardais curieusement cette scène étrange, le baron avait regagné notre tente où, quand le jour parut, je me décidai à le rejoindre.

Il était très-agité.

— Fuyons! me dit-il; si Salah venait à mourir, nous serions assassinés.

— Toujours vos terreurs ; le plus pressé, ce me semble, est de courir à Jemmapes chercher un médecin.

— Et, ajouta le colon qui m'avait suivi, il sera prudent de prévenir de l'accident le commissaire civil. Je vous accompagnerai jusqu'au village où nous nous procurerons aisément une voiture.

— Oui, partons !

— Moi aussi, dit le baron, qui craignait peut-être de rester seul.

Nous trouvâmes, en effet, un véhicule au hameau voisin, chez l'adjoint. Il consentit à me conduire et, sur la route, nous fîmes la rencontre du médecin de Jemmapes.

Ce dernier nous fit signe d'arrêter :

— Comment se porte le blessé ? nous dit-il.

— Vous savez déjà la nouvelle ? Et par qui ?

4.

— Par un Arabe témoin de l'accident, qui est venu cette nuit prévenir le commissaire civil.

C'était le porteur de lanterne qui avait si brusquement disparu, à mon grand étonnement.

En quelques mots, je racontai au docteur ce qui s'était passé ; puis nous continuâmes notre chemin, et bientôt nous descendions chez le commissaire civil de Jemmapes. Ce fonctionnaire se promenait devant sa porte en causant avec un jeune homme.

Quand je fus près de lui :

— Ah ! c'est vous, monsieur. Eh bien, vous venez de faire un joli coup !

— Comment ?...

— Au lieu de tuer un lion, vous avez, paraît-il, tué mon garde.

— C'est un odieux mensonge. Qui vous a dit cela ?

— Peu importe : on me l'a affirmé.

— En vérité, monsieur, je m'étonne qu'un homme de votre caractère formule si légèrement une semblable accusation. Votre garde est blessé, mais par sa faute, et je ne permettrai pas...

Le jeune homme présent à l'entretien m'interrompit, craignant de voir la discussion s'aigrir.

— Monsieur, me dit-il, je suis le juge de paix de la ville, et juge d'instruction tout à la fois. Averti par moi, le procureur impérial de Philippeville m'ordonne, par dépêche, de procéder à une enquête immédiate et de vous arrêter si je le crois nécessaire. Nous avons besoin tous les deux de calme, de sang-froid. Vous allez donc m'accompagner sur le théâtre de l'accident car, dans ce pays, si l'enquête ne prouvait pas tout de suite la fausseté de l'accusation, on ne pourrait, plus tard, convaincre personne de votre innocence.

Malgré le ton bienveillant de ces paroles, je compris toute la gravité de ma situation.

Mon parti fut vite pris :

— Je suis prêt, répondis-je.

— Alors, ajouta le juge, montez avec moi dans la voiture qui m'attend : j'allais partir seul.

Nous prîmes place sur un siége de devant ; deux chaouchs occupèrent la banquette de derrière, et nous nous éloignâmes au galop de deux vigoureux chevaux.

Le médecin n'avait point encore quitté la tribu quand nous y arrivâmes : il vint à notre rencontre.

— Comment va Salah ? demanda le magistrat.

— Mort.

— Mort ! répétai-je machinalement, frappé de stupeur.

— Mon Dieu, oui. Comme la plupart des Arabes, il avait le sang vicié par une maladie chronique, et il a succombé à l'hémorragie.

— Mort ! répétai-je de nouveau.

— Voyons, ne vous affectez pas de la sorte, reprit le juge de paix : ce n'est pas la première fois qu'un Arabe est victime de son imprudence. Envoyez chercher le fusil, cause de tout le mal, et allons sur les lieux commencer l'enquête.

La présence du baron, témoin du fâcheux événement, était indispensable ; mais il avait profité de la circonstance pour s'en aller tranquillement visiter un établissement d'eaux sulfureuses situé dans les environs. Moment bien choisi pour une semblable excursion !

En un instant, plus de trois cents Arabes

m'entourèrent, gesticulant, se frappant la poitrine, et poussant des Allah ! étourdissants.

Le magistrat leur défendit de nous suivre, à l'exception de deux témoins parents du défunt, qui, en signe de deuil, s'étaient barbouillés le visage de bouse de vache et de terre.

Lorsque nous fûmes arrivés sur le lieu de la catastrophe, je me plaçai dans la même position que la nuit précédente, et je remis le petit fusil sur la broussaille, ainsi qu'il se trouvait lorsque Salah l'avait fait tomber.

Le juge se livra à un long examen, fit un croquis, regarda attentivement la disposition du terrain, l'endroit où une mare de sang indiquait que l'Arabe était tombé ; puis nous revînmes ensemble près du cadavre toujours entouré par les femmes qui, non-seulement poussaient de véritables hurlements, mais encore se labouraient le visage avec les ongles.

Le magistrat se fit montrer la blessure, et reconnut qu'elle avait été faite avec une petite balle, et non avec une des balles explosibles dont était chargée la carabine que je tenais à la main : ce dernier projectile eût infailliblement broyé la jambe.

Se tournant ensuite vers moi :

— L'enquête vous est favorable, me dit-il. Je n'ai plus qu'à interroger le baron : veuillez donc venir me trouver avec lui ce soir à Jemmapes.

Il me serra la main et repartit, me laissant seul avec Tengui au milieu des indigènes.

Je priai ce dernier de me procurer une voiture pour mes bagages, et de se mettre à la recherche du baron ; puis je demeurai pendant trois heures, environné par les Arabes, assis devant ma tente, ma carabine sur les genoux et mon couteau de chasse planté en terre à portée de ma main.

Aucune menace, il est vrai, ne me fut adressée ; mais je fis bien de me mettre en garde, et de laisser entendre à ceux qui me voulaient approcher, que le moment serait mal choisi.

Tenguy revint enfin avec le baron, et nous partîmes pour Jemmapes. Je laissai cent francs à la famille de Salah et lui proposai de m'entendre avec un boulanger qui fournirait du pain pendant plusieurs années. Mal conseillée, elle refusa et me menaça d'un procès dont je n'entendis jamais parler.

Le même soir, le baron fit sa déposition, m'adressa ses adieux et monta dans la diligence de Constantine.

Je demandai au juge s'il m'autorisait à aller me fixer à la ferme Alby dont le propriétaire m'avait offert l'hospitalité, m'engageant sur l'honneur à ne pas m'éloigner sans son autorisation. Il y consentit.

Tel fut le résultat de ma seconde nuit d'affût. Cela promettait.

CHAPITRE TROISIÈME

Mauvais rêves. — Histoire d'une panthère, d'un bouc blanc et de trois hyènes. — Apparition d'un gendarme. — Ordonnance de non-lieu. — Les rugissements du roi des animaux. — Je tire mon premier lion. — Mon découragement. — L'arrosoir terrible.

La ferme Alby, située entre Saint-Charles et Jemmapes, à un kilomètre de la grande route, n'offre rien de particulier.

Je m'y installai, fidèle à ma promesse, attendant l'ordonnance de non-lieu qui me permettrait d'aller plus loin ; car, en réalité, j'étais encore sous le coup d'une accusation de meurtre.

Aussi, malgré ma complète innocence, malgré l'enquête favorable du juge de paix, mon sommeil était troublé par des visions terribles. Des tricornes de gendarmes me poursuivaient en rêve et parfois même en plein jour, il me semblait voir apparaître des uniformes à l'horizon.

L'arrivée de deux chasseurs, venus de Philippeville pour me voir, fit quelque diversion à mes inquiétudes; ces messieurs tuèrent un grand nombre de lièvres (ce gibier abonde dans la contrée) et, quoique les accompagnant souvent, je passais toutes mes nuits à l'affût.

Un soir, que le mauvais temps m'empêcha de sortir, j'entendis de la ferme le cri d'une panthère sur la colline voisine, et me décidai, en attendant mieux, à me mettre à sa recherche.

On me procura un bouc blanc destiné à servir d'appât et, vers huit heures, je partis avec la bête que j'attachai solidement à un piquet, puis je me cachai à quelques pas de là derrière un buisson.

La lune brillait, éclairant le bouc qui tirait sur sa corde, s'épuisait en efforts inutiles et bêlait lamentablement.

Une heure se passa. Soudain, j'entendis un léger bruit et un chacal passa en courant; un autre le suivit et s'enfuit; quelques minutes après, parut une hyène si grosse que sans la clarté de la nuit, je l'aurais prise pour un lion.

S'arrêtant un moment près de l'animal attaché qui lui présentait les cornes, elle s'accroupit, attendant pour s'élancer le moment favorable ; pendant ce temps une seconde hyène survint, et aussitôt après une troisième.

Mon appât allait être dévoré : j'eus pitié de lui et poussai un petit cri qui suffit à éloigner les lâches carnassiers. Le bouc, comprenant qu'il venait, grâce à moi, d'échapper à la mort se tourna de mon côté en gambadant et en bêlant, comme s'il eût voulu me témoigner sa reconnaissance à sa manière.

Je fus en vérité content de ma bonne action. Deux fois, pendant la nuit, la même scène se renouvela; enfin, je me décidai à tirer l'une des hyènes qui fut tuée raide ; et au point du jour je revins à la ferme suivi de mon bouc sautant autour de moi à la façon d'un chien fidèle. Souvent, depuis, l'intéressant animal pris d'un véritable attachement, m'accompagna à la promenade. — Combien d'hommes devraient prendre exemple sur lui, et ne point reconnaître les bienfaits par l'ingratitude.

Cependant je n'avais encore aucunes nouvelles de mon affaire. Enfin je reçus la visite, non plus d'un fantôme de gendarme, mais d'un vrai brigadier en chair et en os.

Cette fois, je crus qu'on venait pour m'emmener en prison. J'offris à boire au militaire qui me fit signer une feuille et me recommanda de passer, sans faute, le soir même, chez le juge de paix de Jemmapes. Je le lui promis, et comme il ne semblait point disposé à partir :

— Ah çà ! brigadier, avez-vous l'intention de coucher ici ?

— Non, fit-il en se levant, et puisque ma présence vous gêne, *on s'en va*. Surtout ne manquez pas d'aller chez le juge.

Quoique fort de mon innocence, j'étais torturé par l'accusation pesant sur moi et je lui aurais fait un mauvais parti s'il n'avait quitté la place.

Je me rendis à Jemmapes, armé jusqu'aux dents, et décidé à ne pas me laisser arrêter. Le magistrat m'accueillit par un cri de surprise :

— Qui vous a mandé ? me dit-il.

— Votre brigadier.

— Ah ! le farceur ! je le reconnais bien là.

Et de rire aux éclats.

— La plaisanterie est mauvaise, répliquai-je, elle aurait pu lui coûter cher.

·Le juge voyant mon mécontentement et voulant y faire diversion, me demanda si j'avais dîné.

— Non, pas encore.

— En ce cas, si vous le voulez bien, nous dînerons ensemble à l'hôtel.

— Avec plaisir.

Pendant le repas, je tins ma carabine entre les jambes, refusant même de la laisser examiner par le magistrat ; je craignais un piège.

Je retournai en maugréant à la ferme où, le lendemain, l'ordonnance de non-lieu me fut expédiée.

Quelques jours après, je m'installai à Jemmapes, non-seulement pour y rester pendant la saison des pluies, mais encore avec la ferme résolution de passer une grande partie de mes nuits à l'affût.

Durant le premier mois, dormant le jour et me mettant en campagne un peu avant le coucher du soleil, j'attendis vainement. Mais la trente-deuxième nuit me réservait une surprise.

Je me trouvais à six kilomètres de Jemmapes, sur le versant de la montagne du côté de Philippeville.

L'eau tombait, pour ainsi dire, par nappes, depuis plusieurs heures et, pénétrant à travers mes vêtements de chasse, m'avait glacé. Joignez à cela une obscurité complète : à cinq mètres, impossible de distinguer un arbre d'un rocher. Vers minuit, à bout de forces et de patience, je songeais à quitter la place lorsque, tout à coup, près de moi, sur la droite, retentit un rugissement formidable auquel un autre répondit sur-le-champ ; puis deux, puis trois, puis vingt. Cette fois nul ne s'y pouvait méprendre : c'étaient bien les lions.

Je m'étais préparé longtemps à l'avance à cette émotion, à ce bruit qui fait trembler les plus braves ; et cependant, quand les échos autour de moi répercutèrent ces rugissements si souvent décrits, je sentis, je l'avoue, mon cœur battre à rompre ma poitrine.

Mon front se mouilla de sueur, ma respiration devint haletante ; le sang afflua à la tête et, devant mes yeux, s'agitèrent dans l'ombre des images sanglantes, des groupes énormes d'animaux féroces se déchirant entre eux.

Au bout de quelques instants, redevenu, par un effort de volonté, maître de moi-même, les bourdonnements de mes oreilles s'éteignirent et je vis disparaître les fantômes nés du trouble dont je n'avais pu me défendre.

J'écoutai alors, attentif, immobile ; le doigt sur la détente de ma carabine, cherchant à fouiller du regard l'obscurité profonde, m'attendant à être assailli ; et, résolu à disputer ma vie, je demeurai ferme au milieu de la route.

D'instant en instant les rugissements se répondaient et se multipliaient autour de moi. Qu'allait-il se passer ? Serais-je la proie des bêtes fauves ou le témoin d'un de ces combats terribles que se livrent les lions en fureur ?

J'avais, certes, bravé, affronté bien des dangers ; mais celui qui a entendu, la nuit, rugir des lions libres, celui-là seul pourra comprendre mes transes et mes angoisses. Une heure au moins je restai sans faire un mouvement, comme cloué au sol par une force invincible.

Peu à peu, les cris devinrent plus rares et

s'éloignèrent; puis, s'affaiblissant de plus en plus, ils cessèrent, et le silence se fit.

Je me décidai alors à regagner ma demeure, heureux d'être parvenu à dompter ma frayeur. Une passion nouvelle était née en moi : je me sentais possédé d'un violent désir de me mesurer en face avec le roi des animaux, et je ne m'endormis qu'après m'être juré d'en tuer plus d'un.

Mais la saison s'avançait et mes chances de réussite allaient diminuant.

Les lions semblaient me fuir et pourtant, à mon grand dépit, on en signalait de tous côtés aux environs.

. Un exemple choisi entre dix :

Un cultivateur accompagné de sa femme, voyageait avec une charrette attelée de deux bœufs sur la route de Jemmapes à Bone ; il se hâtait pour arriver avant la nuit, mais un accident le contraignit à s'arrêter pour réparer sa voiture et le mit en retard. Vers neuf heures du soir, deux lions débouchèrent brusquement d'un bois en rugissant et se campèrent sur le chemin, barrant le passage. Les bœufs, effrayés, reculèrent et renversèrent la charrette sous laquelle la femme se trouva écrasée ; le paysan ne pouvant parvenir à la dégager, prit le parti d'allumer du feu pour tenir à distance les fauves qui, malgré ses cris, ne s'éloignaient pas. Il brûla les roues de sa voiture et il voyait avec terreur approcher le moment où il n'aurait plus de bois pour alimenter son feu, lorsque, à minuit environ, la diligence de Philippeville vint à passer. Les chevaux, avertis par leur instinct, s'arrêtèrent, et les voyageurs inquiets descendirent. On parvint à retirer le corps de la pauvre femme de dessous la charrette, et le paysan, terrifié, abandonnant son attelage, prit place à côté du cadavre dans la voiture publique. Les lions s'étant éloignés à cause du bruit, elle put repartir sans encombre.

Le lendemain, on ne retrouva plus que les carcasses des bœufs.

Chaque semaine on me racontait semblables histoires ; mais, ainsi que les carabiniers chantés par Offenbach, « j'arrivais toujours trop tard. »

Le président de la Société des chasseurs de Jemmapes, M. Marmin, sous-inspecteur des eaux et forêts, mis au courant de mes mésaventures, me vint trouver et me dit :

— Vous jouez de malheur, en vérité, monsieur. Tout le monde, ici, vous porte le plus grand intérêt : tous, nous faisons des vœux pour vous, et lorsque nous vous voyons rentrer le matin, nous ressentons le contre-coup de votre déception. Je suis d'ordinaire assez heureux à la chasse, et quelque chose me dit que si je vous accompagnais, nous ne tarderions pas à rencontrer les lions. Voulez-vous de moi pour compagnon, dès ce soir ?

— C'est dit. Je vous emmènerai à quatre lieues d'ici, sur la propriété du baron Froment.

— Les lions y viennent-ils quelquefois ?

— Oui. Deux sont à coup sûr *cantonnés* dans les environs et, plusieurs fois, dernièrement, à quelques jours de distance, ils sont passés par un sentier conduisant du sommet de la colline dans la plaine. Un pressentiment me dit que nous les rencontrerons aujourd'hui ou demain.

— Je suis à vous.

— Une heure après nous montions à cheval.

Nous parvînmes promptement à la maison d'un garde nommé Grosseur, au service de l'administrateur d'une grande concession de chênes-liége appartenant à M. Martineau, et chez lequel je m'étais arrêté plusieurs fois déjà avec un Arabe nommé Yahia, qui me servait de guide.

A la tombée de la nuit, je gravis avec M. Marmin la colline choisie d'avance pour lieu d'affût; nous étions à peine à mi-côte, lorsque des rugissements se firent entendre sur le versant opposé. On distinguait nettement deux voix, l'une forte et l'autre plus faible qui, bientôt, se rapprochèrent.

La lune n'étant pas encore levée, il était inutile de songer à tirer autrement qu'à bout portant dans le sentier.

— Arrêtons-nous près de cette broussaille, dis-je à mon compagnon; placez-vous derrière moi, et pas un mouvement.

Les rugissements retentirent alors plus près et la respiration de mon voisin devint haletante, bruyante même. Cherchant à calmer son émotion trop violente, je lui fis comprendre tout bas qu'il compromettait le succès de la chasse; mais il me répondit par phrases entrecoupées et d'une voix émue:

— Eloignons-nous de quelques pas; le lion

va venir : admettons que vous le frappiez de très près, cela ne l'empêchera pas de bondir et de nous déchirer.

— Ah ! monsieur ! combien vous me faites regretter d'avoir accepté votre concours ! A cause de vous je ne pourrai profiter de l'occasion qui se présente et que je cherche depuis si longtemps.

— En quoi cela pourra-t-il vous nuire de vous mettre un peu à l'abri en vous enfonçant dans la broussaille? Un tireur de votre force est, à cinq pas, aussi sûr de son coup qu'à bout portant et la bravoure n'exclut pas la prudence.

Je cédai à regret, par condescendance, car le conseil était mauvais ; mon compagnon le reconnut lui-même plus tard et me donna, pendant bien des nuits passées avec moi, les preuves d'un grand courage.

Nous reculâmes donc d'environ cinq mètres et nous nous arrêtions à peine, quand des rugissements terribles éclatèrent près de nous.

Un pas ressemblant à celui d'un cheval se fit entendre sur la route et une énorme masse noire passa rapidement devant moi. Je l'ajus-

tai : impossible de la trouver au bout du gui-
don, à cause de l'ombre produite par le bois,
de l'autre côté du chemin.

Cependant je songeai qu'on ne manquerait
pas de dire à Jemmapes : « il n'a pas osé le
tirer » et ma foi, à tout hasard, *au jugé,* je fis
feu. La lueur produite par l'explosion de la
balle m'indiqua que je n'avais point atteint
le but.

Le lion, devenu subitement furieux, se mit
à tourner autour de nous, piétinant le sol,
cassant des branches et poussant des grondements de colère, auxquels se mêlaient ceux de
son compagnon.

Immobiles, nous demeurâmes pendant près
d'une heure retenant notre souffle. Par instants, il semblait que les lions s'approchaient
de notre cachette. Enfin, ils s'éloignèrent,
toujours rugissant, et nous descendîmes la
colline par un autre sentier afin d'arriver
avant eux sur la grande route et de pouvoir
les tirer de nouveau.

N'entendant plus rien nous fîmes, en passant, une courte halte dans la demeure du
baron de Froment qui, au coup de feu, était
venu devant sa porte.

—Eh bien! demanda-t-il. Bonnes nouvelles?
Est-il mort?

Je lui racontais ce qui s'était passé, lorsque
des rugissements retentirent derrière la maison.

— Le voilà! m'écriai-je en sautant sur ma
carabine; où faut-il me placer?

— Je crois l'animal dans le potager.

— Montrez-moi le chemin; il faut que je
le tire.

Je me précipitai dans un grand jardin entouré de haies de bois mort.

Je le parcourus inutilement dans tous les
sens. Plus rien; le lion avait disparu et se
taisait. Nous allâmes nous poster alors au bas
de la colline, afin de guetter le retour des
bêtes fauves; mais la nuit s'écoula sans autres
émotions.

Au point du jour, pestant contre ma male-
chance, je regagnai la maisonnette du garde
qui, aussitôt, vint à moi.

— On vous a dit ce qui s'est passé?

— Non.

— Les lions se sont arrêtés ici pendant une
partie de la nuit; ils ont saisi près du parc un

bœuf qui s'était échappé et l'ont dévoré. Venez voir.

Je le suivis. Impossible de douter ; les restes de l'animal étaient là.

Ainsi, après avoir pendant plus de quarante nuits , bravé le vent et la pluie, supporté toutes les fatigues, affronté tous les dangers pour me trouver en face de ces fauves, j'apprenais qu'ils étaient tranquillement venus se repaître à quelques pas de la maison où je couchais, presque au pied du bâtiment où s'abritaient mes chevaux.

C'était, on l'avouera, à en devenir fou de dépit, et tout autre que moi eût perdu courage.

A quelque temps de là, au cercle de Jemmapes, un fonctionnaire de la localité me prenant à partie, s'écria :

— Tuer un lion ? La belle affaire !... Tout le monde sait combien de ces animaux, réputés redoutables, sont morts de ma main. Il suffit d'un peu de sang-froid pour en venir à bout, et si je n'étais blasé, fatigué de ces émotions, je pourrais aujourd'hui tapisser vingt chambres avec les peaux de ces bêtes qui, maintenant, ne font peur qu'aux enfants. Tenez, moi qui ne fais point profession de cela, la semaine dernière j'ai eu occasion de tirer une panthère avec du plomb ; bien entendu, je ne fis que blesser l'animal qui chercha à s'élancer sur moi : d'un coup de couteau je l'étendis à mes pieds, sans songer même un moment qu'il pût y avoir à ce jeu quelque danger. Si donc, monsieur, vous consentez à me suivre un de ces soirs, je vous montrerai comment il faut s'y prendre, car, en vérité, vous me semblez bien novice ; le tout est de connaître son affaire.

— Ma foi, répondis-je en souriant, j'accepte la leçon, mon cher maître. Voulez-vous guider mes pas, mettre votre expérience et votre valeur au service de mon incapacité et de ma faiblesse ? Tantôt nous partirons ensemble.

— Je le veux bien et me fais fort d'abattre un lion dont je vous abandonnerai la dépouille, en déclarant que vous l'avez tué tout seul.

— Merci d'avance, répliquai-je, à ce soir.

A l'heure dite, le héros se trouva au rendez-vous. Il n'avait rien perdu de sa faconde, et me raconta, chemin faisant, ses exploits vraiment extraordinaires.

— Non, ne cessait-il de me répéter, jamais, jamais je n'eus peur en ma vie.

— Je ne doute point de votre parole ; mais nous sommes arrivés. Deux lions signalés dans ces parages passent habituellement à l'endroit où nous sommes.

— Ah ! viennent vingt, cent lions, tous les fauves de la province, ils trouveront à qui parler !

— Séparons-nous donc. — Je vais me placer au sommet de la colline ; vous, restez à ce carrefour : de la sorte, il ne peuvent nous échapper.

—Ne craignez rien, mon poste sera bien gardé.

Je m'éloignai aussitôt.

Nous nous trouvions de nouveau sur la propriété du baron de Froment, à l'endroit même où huit jours auparavant, M. Marmin m'avait accompagné.

Comme d'ordinaire, les chacals et les hyènes commencèrent leur discordant concert, et la nuit, claire jusqu'alors, s'assombrit brusquement. Résolu à ne point quitter ma place, je demeurais sans faire un mouvement, lorsqu'un coup de feu éclata. Me rappelant alors que j'avais promis à mon vaillant compagnon de le rejoindre s'il tirait, afin de lui prêter main forte, en cas de besoin, je descendis près de lui en courant, jaloux de son bonheur, ma carabine armée, l'oreille au guet.

Quand j'arrivai près de lui, trempé de sueur, essoufflé, haletant :

— Ah ! c'est vous ! me cria-t-il. Prenez garde : j'ai tiré une panthère qui doit être blessée.

— Où donc?

— Juste où vous êtes, près de cette touffe d'herbes.

A ce moment, la lune se dégagea des nuages qui la voilaient ; je regardai à droite, à gauche, me baissant, cherchant quelque trace sur le sol, écartant les ronces, fouillant les buissons ; rien.

La colère me gagna :

— Vous avez tiré en l'air, m'écriai-je. Allons, dites-moi la vérité ; je n'aime pas les mauvaises plaisanteries.

— Doutez-vous de ma parole ?

— Je doute de la panthère : vous avez fait feu malgré vous, avouez-le.

— Ma maladie de cœur me fait horrible-
ment souffrir... Je me sens indisposé...

— Allons! Que ne le disiez-vous plus tôt !
Où diable êtes-vous caché ? Je vous entends
et ne vous vois point.

— Par ici, par ici.

Il s'était accroupi dans un impénétrable
fourré garni d'épines ; une véritable forte-
resse inaccessible aux lions eux-mêmes. La
crainte seule, une effroyable crainte avait
pu l'aider à pénétrer à plat ventre dans ce
blockaus, d'où j'eus grand'peine à le tirer.
Après maints efforts je le sortis de sa retraite.
mais dans quel état? Les vêtements en lambeaux, le visage égratigné, les mains en sang.
Quand il fut hors, endommagé de la sorte, ses
jambes lui refusèrent tout service ; je le chargeai sur mes épaules, portant sous le bras nos
deux carabines, et nous rentrâmes de la sorte
à la maison du garde, où mon brave camarade garda le lit pendant trois jours.

Je m'imaginais n'entendre plus parler
de ce fier-à-bras. Quelle ne fut pas ma surprise d'apprendre, la semaine suivante, qu'il
se plaignait partout d'avoir vainement passé
près de moi quatre nuits à l'affût, sans pou-

voir tirer le lion dont il désirait m'offrir la peau.

Tant de vantardise me lassa, et je résolus de donner une leçon à ce hâbleur. Je fus le trouver au cercle :

— Une bonne occasion s'offre à vous, mon cher ami, lui dis-je. Mes renseignements sont précis ; cette nuit nous ne rentrerons pas bredouilles. Êtes-vous de la partie ?

— Palsambleu ! Vous le demandez ? Au lieu d'un revolver, je prendrai mon couteau de chasse afin de saigner la bête comme un poulet. A quelle heure le rendez-vous ?

— Partons de suite.

— Tonnerre ! nous allons voir, cette fois.

Nous partîmes ensemble, et, le soleil couché, je plaçai mon Nemrod au poste d'honneur, près d'un petit pont que les lions traversaient souvent après avoir descendu la montagne.

— Bien, me dit en me serrant la main mon intrépide compagnon, je ne suis pas malade aujourd'hui : vous me jugerez à l'œuvre.

Je m'éloignai rapidement, suivi de mon serviteur, l'Arabe Yahia, dont il a été déjà question dans ce récit.

Ce dernier, d'après mes ordres, avait dans l'après-midi, porté dans une tribu voisine, un arrosoir de jardinier, avec lequel il imitait à s'y méprendre le rugissement du lion. Moi-même, sans être de sa force, je ne jouais pas trop mal de l'*instrument*.

Ayant donc pris congé de notre homme, nous retournâmes à la tribu pour y prendre l'arrosoir, et une demi-heure plus tard, nous étions à peu de distance du sommet de la montagne.

Après une attente de trois heures environ, je fis signe à Yahia que le moment me semblait venu de commencer le concert.

Aussitôt, portant à sa bouche le goulot de l'ustensile, il se mit à en tirer de si effroyables sons, que j'en fus littéralement abasourdi. Il poussa onze rugissements consécutifs, et les termina par un grondement sourd et saccadé, d'une incroyable justesse d'intonation.

— Bravo ! Yahia, fis-je enthousiasmé, à mon tour.

Mais avant de commencer ma *partie*, je voulus descendre un peu plus bas. Au bout de dix minutes de marche, je saisis l'arrosoir, et m'acquittai de mon solo de manière à faire plus d'honneur à mes poumons qu'aux leçons de l'Arabe à qui je repassai la main.

Arrivé dans la plaine, à cinq ou six cents mètres du pont, je tirai précipitamment deux coups de carabine en l'air, et Yahia qui me suivait y répondit par de furieux rugissements.

Nous parvînmes ainsi jusqu'à l'endroit où était resté mon tueur de panthères : la place était vide ; nous n'y trouvâmes que son chapeau.

Nous fûmes pris alors d'une hilarité indescriptible. Mon serviteur se roulait à terre en poussant des éclats de rire formidables.

Une heure s'écoula ainsi sans que nous eûmes la force de nous en retourner. Lorsque notre gaieté se fut un peu calmée, nous reprîmes le chemin de Jemmapes, où notre premier soin en arrivant, fut d'aller à la demeure du fameux chasseur, dont la porte resta close.

Vers six heures du matin, il m'envoya chercher par son domestique, se prétendant très-souffrant :

— Ah ! vous voilà, me dit-il, en m'apercevant. Eh bien ! l'avez-vous retrouvé ?

— Qui ?... Quoi ?...

— Mais le lion que vous avez tiré et que j'ai achevé avec mon couteau.

— A quel endroit ?

— Tout près du pont où vous m'aviez laissé.

— Il est joli, votre lion ! Vous feriez mieux de n'en pas parler.

— Que voulez-vous dire?

— Je veux dire qu'en fait de lion nous n'avons retrouvé que votre chapeau.

— Vous avez cependant entendu des rugissements terribles.

— C'est mon Arabe et moi qui les avons poussés avec un simple arrosoir.

— Impossible !... Et les deux coups de feu tirés au bas de la colline?

— Parbleu ! J'ai voulu tout bonnement vous effrayer, sachant d'avance que vous vous empresseriez de déguerpir. Etes-vous satisfait maintenant ? Et persisterez-vous toujours à vouloir abuser de la crédulité de vos auditeurs?

Il était confondu.

Près d'un mois, il garda la chambre, par crainte des quolibets, j'imagine; et à quelque temps de là, son changement lui parvint pour la province d'Oran.

Le jour de son départ, j'allai lui dire adieu :

— Au revoir, monsieur Pertuiset, me dit-il. Si jamais vous venez me voir, à défaut de lions, nous tuerons des panthères.

— Ou des arrosoirs, mon brave !

Depuis cette époque, je ne l'ai point revu.

CHAPITRE QUATRIÈME

Quelques anecdotes. — Un héros inconnu ou le cordonnier Crépin. Trait de bravoure des Arabes. — Une furieuse poursuite. — Nouvelle déception. — Cauchemars. — L'épo. que du rut. — Une chique dangereuse. — Comment on s'endort à l'affût. — La panthère de Jemmapes.

La première vertu d'un chasseur est la persévérance, et l'on sait maintenant à quelles dures épreuves ma patience fut soumise. Je n'étais cependant pas à la fin de mes peines, et je veux conter jusqu'au bout mes mésaventures; de la sorte, on ne m'accusera pas de hâblerie.

Pendant tout le temps que je demeurai à Jemmapes, je ne couchai pas une seule nuit dans mon lit. Le récit de mes fatigues ne présenterait, certes, rien de bien intéressant; mais je dois rapporter quelques anecdotes ayant trait aux habitudes des lions.

Le garde Grosseur que je voyais de temps à autre, me raconta le fait suivant :

Une après-midi qu'il revenait à cheval, de Jemmapes, rapportant dans un sac quelques livres de bœuf, il mit pied à terre pour monter une côte rapide.

Tout à coup, sans que rien pût expliquer cette terreur, l'animal s'enfuit ventre à terre au travers du taillis, laissant tomber sa charge sur la route. Grosseur, au comble de la surprise, chargea le sac sur ses épaules et continua son chemin. A peine avait-il fait une vingtaine de pas, que deux lions se dressèrent en grognant devant lui : il s'arrêta terrifié, comme cloué au sol, Les lions disparurent. Il repartit en courant, et bientôt se vit de nouveau barrer le passage par les deux bêtes féroces.

L'idée lui vint de leur jeter la viande sur laquelle elles se précipitèrent, et de s'enfuir à toutes jambes ; cette présence d'esprit le sauva. Il regagna sa demeure, à bout d'haleine, et raconta en tremblant ce qui lui était arrivé.

On se mit à la recherche du cheval, une bête de prix ; et quand on rentra après une inutile battue, l'animal, revenu seul, mangeait paisiblement à son ratelier.

J'eus occasion de constater moi-même deux faits présentant quelque analogie avec celui-là.

Par une nuit de mauvaise lune, je m'étais posté dans un sentier, presque au sommet du Fedj-el-Fehoul (1), à un mètre seulement en contre-bas, de manière à apercevoir distinctement la silhouette de tout animal passant sur la crête de la colline.

Au bout de deux heures, les lions rugirent dans le voisinage, et aussitôt mon chien, que j'avais laissé sous ma tente, vint se blottir entre mes jambes.

Comment m'avait-il rejoint ? Peu importait ; mais que faire ? Le garder près de moi ? C'était m'exposer aux plus graves périls. Le reconduire au campement ? Je courais risque de perdre une fois encore l'occasion de tirer.

La prudence ordonnait de prendre ce dernier parti auquel je me résolus, espérant être de retour à temps. Quand je revins, après avoir parcouru plus de trois kilomètres en moins d'une demi-heure, les rugissements se

____

(1) Sommet des braves.

faisaient entendre au loin, sur la montagne. Le temps s'était éclairci, et il me fut facile de distinguer, près du poste que j'avais abandonné un moment, les empreintes de trois lions. Sans mon chien qui, guidé par son instinct, avait voulu peut-être m'avertir du danger, je me serais trouvé dans une situation des plus critiques, car j'aurais tiré quand même. Mais c'était encore un coup manqué.

Toutefois, je n'hésitai pas à planter ma tente dans ces parages fréquentés par les fauves; et, le dimanche suivant, un peu avant la chute du jour, j'entendis de nouveau, la voix du roi des animaux. Le garde alla aussitôt chercher deux Kabyles travaillant non loin de là, dans la forêt, et qui, sur mon ordre, m'amenèrent un bœuf. Au moment où ils l'attachaient à un gros piquet, les rugissements se rapprochèrent, et les Arabes saisis d'une effroyable panique s'enfuirent, tête perdue, abandonnant l'animal, lequel, au lieu de profiter de la liberté pour s'échapper à son tour, se coucha à plat ventre, et demeura longtemps étendu de la sorte, sans un mouvement, faisant le mort

A cent mètres de moi éclataient de formida-

bles grognements qui, peu à peu, s'affaibli-
rent. Au bout d'un quart d'heure, attendant
encore l'instant favorable, et la carabine toujours à l'épaule, j'entendis un clapotement
dans une des flaques d'eau de la route et je
retins mon souffle. O surprise ! Le bœuf, que
je ne quittais point du regard, se leva et tourna
la tête de coté ; puis, au lieu du lion que j'attendais, une grosse hyène se présenta. Un juron
s'échappa malgré moi de mes lèvres, et la mit
en fuite.

Je ne comptais plus mes déceptions : mais
cette fois, du moins, j'eus occasion de constater,
de mes yeux, qu'un bœuf, qui n'avait pas craint
de se dresser en face de la hyène, avait éprouvé,
à l'approche du lion, une indicible épouvante.

Toutes ces aventures étaient, on en convien-
dra, capables de décourager le chasseur le
plus persévérant. Ajoutez à cela qu'on ne
cessait point de me narrer les histoires de mes
rivaux plus heureux.

Quelque temps avant mon arrivée en Afrique vivait à El-Arouch, un cordonnier nommé Crépin qui, malgré son nom prédestiné et
sa paisible profession, n'en était pas moins

un des plus fidèles disciples de saint Hubert.

Un soir, qu'après un dîner copieux et des libations abondantes, il s'en revenait en chantant et quelque peu titubant, sur la route de Philippeville, il aperçut à peu de distance de lui, une masse noire, un gros animal couché en travers du chemin. Le vaillant cordonnier, sans hésiter un moment, ajusta et fit feu. Un rugissement lui répondit, et lui apprit sur quel animal il avait tiré. Aussitôt dégrisé par la crainte, il s'enfuit à toutes jambes ; mais le lendemain ; avant le lever du soleil, il revint, accompagné de quelques colons. Le lion, mort, gisait sur la route.

On devine comment fut accueilli le héros quand il rentra à El-Arouch avec son trophée : on l'acclama ; une fête fut organisée en son honneur, et les Arabes, chantant ses louanges, célébrèrent partout son courage, son adresse, sa présence d'esprit.

Deux mois s'étaient écoulés, lorsqu'un second lion fut aperçu, rôdant en plein jour près d'une source, à 2 kilomètres du village. Crépin, immédiatement averti, prit son fusil dont un des canons était chargé à balle, et l'autre avec du gros plomb; puis sans manifester la moindre émotion, s'arrêta à vingt pas, environ, de la bête couchée de tout son long sur la place, et lâcha son premier coup. Le lion ne bougea point. Alors, l'intrépide chasseur s'approcha afin de lui donner le coup de grâce dans l'oreille; mais l'animal se relevant, envoya d'un coup de patte, à plus de dix mètres, son ennemi qui retomba lourdement sur le sol, le ventre ouvert, les intestins déchirés.

Les habitants du village jurèrent de venger la mort du cordonnier victime de son imprudente bravoure, et pendant près de deux semaines, ils se rassemblaient chaque matin, résolus à en finir avec le redoutable visiteur qui semblait avoir élu domicile près de la source. Mais on ne pouvait parvenir à s'entendre sur le plan de bataille; et, au moment de partir, les plus décidés présentaient une objection qui faisait remettre la partie. Le soir, on délibérait de nouveau, car il importait de ne rien laisser au hasard dans une si périlleuse entreprise. Les discussions, les fermes résolutions duraient depuis douze jours, lorsqu'un enfant, en passant, trouva le cadavre du lion. Il avait succombé aux suites de la blessure à lui faite par la balle de Crépin.

O trop heureux Crépin! Combien j'enviai ta gloire! Tu en avais tué deux, toi! Certes, en ce moment, j'aurais fait volontiers, à ce prix, le sacrifice de mon existence.

Cependant, je ne m'éloignais point de la propriété du baron de Froment, ne me lassant pas d'espérer. Le garde Grosseur, dont je me plais à reconnaître le dévouement, me pria, pour célébrer la fête d'une de ses sœurs, de souper avec lui, en famille. L'invitation était si cordiale, qu'elle ne pouvait être refusée. J'acceptai donc, mais sans renoncer pour cela à ma nuit d'affût.

Un bœuf fut attaché à un kilomètre de la maison; je passai les premières heures de la soirée à la place par moi choisie, et n'entendant rien, je quittai mon poste, résolu à le regagner après le repas.

Quand je revins, à ma grande surprise, le bœuf n'était plus là; un bout de sa corde pendait au piquet, et rien n'indiquait une attaque.

Après un examen attentif, me demandant si ce n'était pas un tour des Arabes, je me décidai à retourner chez le garde qui prit une lanterne, et nous retournâmes ensemble près du piquet. Là, nous acquîmes bientôt la conviction que le bœuf s'était enfui dans la forêt; mais quel ne fut pas notre étonnement, lorsque nous vîmes, sur le sol détrempé, les empreintes d'un gros lion qui, suivant la route, était passé à un mètre, à peine, de la maison du garde.

Pendant ce temps-là, nous soupions le plus tranquillement du monde!

A ce nouveau coup du sort, une sorte de rage s'empara de moi; je prêtai un moment l'oreille et, entendant dans le lointain de sourds rugissements, je partis en courant de ce côté, laissant Grosseur abasourdi. Le lion avait quitté le sentier et cheminait à travers la montagne, sans doute à la poursuite de la proie qui s'enfuyait après avoir brisé son lien. Ses cris me guidaient.

Derrière lui, j'allais, sans me laisser détourner de ma route, franchissant des fourrés, tombant ici dans un trou, m'empêtrant là dans un buisson, les vêtements déchirés, le visage et les mains en sang. Tantôt les rugissements me semblaient proches; tantôt, à cause des accidents du terrain, des déclivités du sol, ils paraissaient s'éloigner. Mon désespoir me donnait alors des forces inconnues: je courais, je bondissais, ne m'inquiétant pas des obstacles. Enfin, après une heure de cette course vertigineuse, je m'arrêtai. Le lion grognait à quelques pas de moi, dans d'épaisses broussailles. Je sentis les battements de mon cœur redoubler, tant était grande mon espérance.

Sans même songer au danger, je me tenais à découvert, ma carabine à la main, prêt à faire feu au moment où la bête se montrerait. Rien ne remuait, aucun bruit. Après quelques minutes d'attente, perdant patience, et décidé à en finir d'une manière ou d'une autre, je me précipitai dans la broussaille, et la parcourus dans tous les sens. Le lion n'y était plus.

J'éclatai alors en imprécations, et quand le jour parut, je revins tristement. Grosseur m'attendait :

— Ah! s'écria-t-il en me voyant, dans quelle mortelle inquiétude nous étions! Personne, ici, ne s'est couché. Poursuivre un lion! Quelle folie ! Nous vous avons cru dévoré.

— Plût au ciel, répondis-je. Sur mon honneur, je voudrais être mort.

Durant les jours suivants, mon sommeil fut troublé par des rêves et des visions fantastiques. Souvent, je me battais corps à corps avec des lions énormes, et, à l'aide d'un couteau, je les étendais tous à mes pieds. Parfois je sentais leurs griffes s'enfoncer dans ma chair, et je voyais des morceaux de moi-même disparaître, saignants, dans la gueule des bêtes fauves. Parfois aussi, le cordonnier Crépin m'apparaissait, le front couronné d'une auréole, la palme du martyre à la main ; des monceaux de peaux d'animaux féroces l'entouraient. Je m'approchais pour le féliciter ; mais aussitôt il s'enfuyait en me lançant un regard moqueur, et en poussant un éclat de rire sarcastique.

Quand j'ouvrais les yeux, je n'apercevais auprès de moi que mon chien qui guettait mon réveil, pour s'élancer d'un bond sur mon lit, et m'accabler de caresses :

— Courage ! semblait-il me dire, courage !

Et, en vérité, je me sentais réconforté.

Nous nous trouvions alors en pleine saison du rut, époque à laquelle la lionne rugit tous les soirs, afin d'attirer à elle les mâles de la contrée. Ses cris sont poussés avec une telle violence, qu'on les entend à une distance de plus de deux lieues. A ces appels bien connus, les lions accourent de toutes les directions et, parvenus près de la femelle, se livrent entre eux de furieux combats qui parfois, durent toute la nuit. Celle-ci contemple la lutte sans jamais s'y mêler, et se donne au vainqueur. Mais ce n'est là qu'un caprice éphémère : le lendemain elle recommence son amoureux concert qui, toujours, se termine de la même manière, jusqu'à la fin de l'époque du rut ; à ce moment seulement, la lionne devenue fidèle, reste accouplée au même mâle jusqu'à l'année suivante.

Un soir, ayant entendu rugir plusieurs lions, je partis aussitôt pour aller me placer à l'affût, malgré la pluie qui tombait à torrents. Grosseur m'avait apporté une épaisse couverture qu'il étendit sur la terre mouillée, et je m'y installai tant bien que mal. Au moment où il allait me quitter, un bruit se fit entendre un peu au-dessus de nous, dans le fourré. Je touchai du doigt mon compagnon, et lui fis signe de rester immobile ; puis, me dressant sur le talus de la route, j'aperçus dans la demi-obscurité une masse noire qui descendait au-devant de moi.

C'était un lion ! Arrivé à une quarantaine de pas, il s'arrêta ; ses yeux flamboyants semblaient fixés sur les miens. J'épaulais lentement mon arme lorsqu'il fit un bond prodigieux et disparut sans me laisser le temps de le viser. Il n'y avait point de lune, on y voyait à peine ; mon coup n'aurait probablement pas porté, et, du reste, faire feu dans ces conditions, eût été commettre une grave imprudence. Mieux vaut s'abstenir en semblable circonstance, et ne tirer que de très-près, presque à bout portant.

Je ne m'expliquai cette brusque retraite que le lendemain, en examinant les traces : j'avais eu affaire à un lionceau que ma présence avait effrayé.

Un incident comique fit quelque diversion à ma colère. Grosseur, resté à genoux, dans la position où mon geste le surprit, avait éprouvé un tel saisissement en entendant venir le lion, qu'il avait avalé sa chique. A demi-étouffé, incapable de prononcer un mot, il demeura pendant plus d'un quart d'heure en proie à de violentes nausées. Il me fallut le reconduire à son logis et moitié riant, moitié grommelant, je revins à mon poste où j'attendis inutilement jusqu'au jour.

Le lendemain, à l'heure favorable, j'étais à la même place, le doigt sur la détente de ma carabine; je parvins pendant un certain temps à tenir les yeux ouverts, mais, à la fin, la fatigue vint à bout de mes forces épuisées, et le sommeil s'empara de moi. Quand je sortis de cet assoupissement involontaire, je distinguai nettement deux lueurs tremblotantes assez semblables aux éclairs d'un diamant. Malgré la nuit noire, il n'était pas possible de douter de la présence d'un carnassier, et j'essayais d'ajuster ces prunelles phosphorescentes quand, tout à coup, elles disparurent. A l'aurore, je reconnus l'empreinte des pattes d'une panthère de forte taille.

Depuis lors, je l'avoue, il m'est arrivé trois fois de m'endormir à l'affût. J'espère qu'on ne m'en fera point un crime, si l'on veut bien songer au nombre de mes nuits blanches, et j'invoquerai pour ma défense, la légèreté de mon sommeil. Le moindre bruit, le plus petit frôlement des branches, produit par le passage d'une hyène ou d'un chacal, me tirait de ma somnolence. L'oreille humaine acquiert en pareil cas, une subtilité surprenante.

Quel singulier chasseur ! dira-t-on. Il ne tue rien. Singulier chasseur, en effet, qui ne fait point parade d'exploits imaginaires.

Une panthère venait d'être signalée à vingt kilomètres de Jemmapes. Un cavalier indigène envoyé par un caïd habitant sur la route de Bone, me vint supplier de mettre à mort cette bête dangereuse qui, sur ces entrefaites, se permit d'étrangler une vache.

On me conduisit près du corps encore intact, et je m'embusquai tout à côté, complétement caché dans des ronces et des herbes sèches.

Le temps était superbe et la lune brillait dans son plein. La nature était à ce point silencieuse, que les bruits, même les plus légers, se percevaient distinctement ; aussi, pendant toute la nuit, entendis-je un petit frôlement semblable à celui que ferait un rat se glissant à travers les feuilles.

A la pointe du jour, j'examinai les alentours, et découvris les traces d'une panthère qui semblait avoir fait plus de trente fois le tour de mon buisson.

Je revins une seconde, une troisième nuit : même jeu, même bruissement, même résultat.

Cependant, la vache sentait terriblement mauvais : elle exhalait une telle odeur, que je m'imaginai que la panthère la dédaignerait. Je retournai dans les parages fréquentés par les lions, et le caïd me fit savoir, le lendemain, que le cadavre, malgré son état de putréfaction, avait été dévoré en partie le soir de mon départ. O saint Hubert ! Que t'avais-je fait ?

CHAPITRE CINQUIÈME

On me présente à un prêtre arabe. — Les baudets du Grand
Marabout. — Prières et invocations. — La corde sacrée.
— Une alerte. — Coup manqué. — Je m'endors à l'affût.
— Découragement profond. — Nouvelles espérances.

J'avais pris à mon service un Arabe nommé
Ali qui semblait s'intéresser vivement à mes
chasses.

Ce brave garçon me prit un jour à part :

— Tu n'as pas de chance, me dit-il. On te
veut du mal. Viens avec moi, demain, au
marché de Jemmapes ; nous y trouverons un
marabout de mes amis, à qui je te présen-
terai : il peut, s'il le veut, te faire tuer un lion.

— Quelle bonne plaisanterie !

— Je ne plaisante pas. Quand tu le connaî-
tras, tu ne riras pas de sa puissance. Je l'ai vu,
il y a trois jours ; il sait que tu donnes du
café et du pain aux Arabes, quand ils passent

devant ta tente ; et il m'a chargé de t'affirmer que, grâce à ses prières, le Grand Marabout t'abandonnera un de ses baudets.

— Eh ! farceur ! m'écriai-je, en éclatant de rire, plaisantes-tu ? Il s'agit bien de baudets ! Ce sont des lions que je chasse.

— Les lions sont les baudets du Grand Marabout.

— En vérité ! Comment cela ?

— Le Grand Marabout est l'exécuteur suprême des volontés du Prophète ; tout, ici-bas, lui obéit, et, comme le lion est le plus redoutable des animaux, il s'en sert en guise de coursiers pour transporter ses émissaires partout où il a des ordres à envoyer. De la sorte, ceux-ci qui, d'ordinaire, ne voyagent que la nuit, n'ont aucun danger à redouter sur leur route. Le marabout dont je parle vient au marché, à cheval sur un de ces baudets ; il le laisse dans la forêt, et le retrouve le soir, à l'heure de son départ Si tu n'as pas réussi, c'est qu'il ne l'a pas voulu. Crois-moi.

Ali prononça ce discours d'un ton si convaincu, que le désir me vint de connaître le personnage dont la puissante intervention m'était promise.

Je pris rendez-vous, et le lendemain, vers onze heures du matin, au marché de Jemmapes, mon serviteur me présentait à son ami le marabout.

C'était un homme de quarante ans, environ, de haute taille ; une belle barbe noire encadrait son visage illuminé par des yeux indiquant une intelligence peu commune ; un burnous en guenilles formait la principale pièce de son habillement.

Je l'abordai avec les marques d'une grande déférence, et lui fis compliment de son pouvoir extraordinaire, me recommandant à lui pour la réussite de mes projets.

Il me regarda en face, très-attentivement, et me répondit d'une voix lente et grave :

— Laisse-moi consulter celui qui, seul, dispose des baudets.

A ces mots, je ne pus réprimer un sourire, et le marabout, sans doute, gravement offensé, fit mine d'interrompre sa prière. Je réparai ma faute de mon mieux, m'excusant de mon incrédulité et assurant à mon protecteur que, toutes les fois qu'il me ferait tuer un lion, je lui remettrais cent francs et un burnous neuf. Cette promesse l'apaisa ;

il détacha la corde qu'il portait enroulée en guise de ceinture, la tourna entre ses doigts comme un moine fait d'un chapelet, leva les yeux vers le ciel, murmura tout bas une prière, puis, demeura quelque temps en extase, attendant une réponse à son invocation.

Bientôt, un rayon de joie illumina sa face ; sans prononcer une parole, il me tendit sa corde que je pris machinalement, sans rien comprendre à cette pantomime. Ali se hâta de me l'expliquer :

Le Grand Marabout accordait l'autorisation demandée. Je devais garder la corde, pour en attacher un bœuf par le cou, et m'en aller au pied de la montagne voisine. Je pouvais compter absolument sur la venue d'un lion que je tuerais à mon aise et, dès le lendemain, mon protecteur viendrait chercher la récompense promise.

Je gardai donc la corde et, promettant de me conformer aux instructions reçues, je pris congé du marabout. Le soir venu, accompagné d'Ali qui traînait un petit bœuf à l'aide de la précieuse corde, je me rendis à la place indiquée, et fis mes préparatifs habituels.

La nuit s'approchait. Comme mon cheval

était resté dans un douar du voisinage, j'enjoignis à mon Arabe de s'y rendre, et de le tenir prêt pour trois heures du matin ; puis, j'attendis, plein de confiance, la visite annoncée.

— Que le chasseur qui n'a jamais été quelque peu superstitieux me jette la première pierre !

Vers une heure, un léger coup de sifflet se fit entendre non loin de moi, à cinquante pas, environ. Il me vint aussitôt à l'esprit que j'étais tombé dans un piège grossier, et qu'on avait profité de ma stupide confiance pour m'envoyer dans ce lieu isolé afin de m'y assaillir à l'improviste. Sans doute, le coup de sifflet était le signal de l'attaque ; j'allais être entouré, assassiné, dépouillé.

L'oreille attentive, prêt à faire feu sur le premier coquin qui se présenterait, je gagnai la grande route afin de pouvoir me défendre plus aisément contre mes ennemis. N'en voyant point, je pris le parti de rejoindre Ali qui, en m'entendant accuser son ami de scélératesse, leva les bras au ciel, et s'écria avec des accents indignés :

— Tu te trompes ! N'accuse jamais le marabout de trahison.

—Soit : Mais que signifiait ce coup de sifflet ?

Ali chercha bien à m'expliquer qu'il ne s'agissait, sans doute que de voler mon bœuf ; mais, jamais le fait ne fut éclairci, et je persiste à croire que j'échappai à un véritable guet-apens.

J'ordonnai à mon serviteur d'aller au petit jour, chercher le bœuf, et de me le ramener à Jemmapes.

A son retour, Ali frappa bruyamment à ma porte.

— Lève-toi vite, vite !

Et, sans me laisser le temps de l'interroger, il continua quand je lui eus ouvert :

— Le lion a mangé le bœuf, vers les trois heures. On a entendu des rugissements dans le voisinage de la tribu. Ah ! pourquoi es-tu parti ? Reviens, et tu verras.

—Me crois-tu assez sot pour me laisser jouer une seconde fois ? lui répondis-je avec colère. On aura égorgé et dépecé mon bœuf, pour me faire croire à une attaque des fauves. Mais, sois tranquille, on ne m'y prendra plus, et je te conseille, même, de dire aux Arabes qu'une seconde fois, je me facherais autrement.

— Allah! Quel malheur! répétait Ali désolé ; tu as tort : viens reconnaître ton erreur.

Il y mit tant d'insistance, et me supplia de
telle façon, qu'à la fin, me laissant fléchir, je
le suivis, en le menaçant, toutefois, d'une
bonne correction s'il me faisait faire une
course inutile.

Mais, il me disait la vérité, et je m'assurai
bientôt qu'il ne restait de l'animal que la tête,
le poitrail et les jambes de devant ; les traces
du passage de deux lions étaient, en outre,
visibles, et on les pouvait suivre longtemps
dans le sentier conduisant à la montagne.

Décidément, il semblait écrit que je ne
réussirais point ; un démon se devait mêler
de contrarier mes projets. Toujours au moment d'atteindre le but, quelque obstacle inattendu, quelque circonstance imprévue venait
détruire mes plans et déjouer mes espérances.

Cette fois, cependant, mon désappointement
fut de courte durée, et un peu de réflexion
me consola : — Puisque les fauves n'ont
mangé que la moitié de leur proie, pensai-je,
ils reviendront achever les restes.

Dans cette prévision, avant de rentrer à Jemmapes, je plaçai un Arabe en faction auprès des débris du bœuf, avec mission de chasser les vautours qui n'auraient point manqué de s'en repaître.

En arrivant à la ville, je trouvai le marabout qui venait au-devant de moi pour chercher sa récompense ; mon Arabe lui raconta ce qui s'était passé, et il en parut vivement affecté. Je lui offris vingt francs qu'il refusa d'un geste dédaigneux et noble, de l'air d'un homme gravement offensé.

— Je n'accepterai rien, dit-il, avant que tu n'aies obtenu un résultat ; mais, hélas! je crains que le Grand Marabout ne daigne pas une seconde fois exaucer mes prières. Sans doute, il est mécontent. Pour apaiser sa colère, il est indispensable que je le voie. Mon voyage durera trois jours. Fais en sorte, si mes supplications sont écoutées, d'avoir, à l'avenir plus de confiance en ma parole.

Après avoir reçu ma promesse, il s'éloigna lentement, en se drapant avec fierté dans son burnous déguenillé.

Ces trois jours d'attente (pourquoi ne le confesserais-je pas ?) me parurent démesurément

longs. J'avais passé cent vingt-huit nuits à la
belle étoile ; l'époque des grandes chaleurs
approchait, et je craignais de voir s'éloigner
les lions qui, dans cette saison, quittent la
plaine pour gagner les hautes régions. Le
marabout devenait ma suprême ressource,
ma dernière espérance.

De même qu'un joueur poursuivi par la dé-
veine, après avoir essayé de toutes les combi-
naisons imaginables, après s'être livré à tous
les calculs, en arrive, un jour de désespoir, à
croire aux fétiches dont il se moquait la veille,
ainsi, afin de ramener à moi la fortune et de
me rendre le destin favorable, j'étais prêt à
m'aller jeter cent fois, comme un dévot arabe,
aux pieds de tous les grands et petits marabouts de l'Algérie.

A l'heure dite, mon protecteur si impatiemment attendu vint et me dit sans préambule :

— Pars immédiatement pour la Safia. Au
centre de la forêt, tu trouveras une source
appelée « fontaine des Kabyles » où les baudets viendront boire cette nuit. Poste-toi, sans
doute, sans méfiance, à quelques pas de la
fontaine. Mais je te recommande, dans ton

intérêt, de ne tuer qu'un seul lion. Si tu en tirais deux, tu mécontenterais le Grand Marabout, et il t'arriverait malheur. Au reste, j'irai à la Safia conduire le baudet qui doit tomber sous ta balle, et demain matin, tu recevras ma visite.

J'essayais bien de rire, de me railler, de me plaisanter au sujet de ma superstition et de ma crédulité, mais, au fond du cœur, je le reconnais sans trop de honte, ma confiance était réelle. Aussi, sans perdre un instant, je fis charger sur deux mules mes tentes et mes bagages, et nous nous mîmes en route.

Je connaissais très-bien la forêt en question : elle est immense et plantée de chênes-liège; et, souvent, je m'étais rafraîchi avec l'eau délicieuse de la source vers laquelle je me dirigeais.

Chemin faisant, Yahia, dont je n'ai point parlé depuis longtemps, se joignit à nous; son fanatisme ne le cédait en rien à celui d'Ali ; il voulait connaître le résultat de ma chasse et ne cessait de m'exhorter à avoir une foi entière dans la promesse du marabout.

Je fis dresser mes tentes à cinq ou six cents mètres de la fontaine; et, comme il me fallait, par une lourde chaleur, attendre durant quatre heures, environ, le coucher du soleil, je me jetai sur mon lit, tout habillé, non sans avoir recommandé, à diverses reprises, à mes Arabes, de m'éveiller avant la nuit.

La fatigue m'accablait, et le sommeil, aussitôt, s'empara de moi. Quand je sortis de mon assoupissement et que je jetai les yeux autour de moi, ma surprise fut sans égale : il faisait nuit encore, mais l'aurore allait paraître. Je bondis hors de ma tente, et deux vigoureux coups de pied dressèrent sur leurs jambes Ali et Yahia qui étendus sur le dos, ronflaient à qui mieux mieux.

Je passe sous silence les injures dont j'accablai mes garnements, les reproches sanglants que je leur adressai. Tous deux m'affirmèrent s'être approchés de moi au moment convenu, m'avoir secoué par les épaules, tiré par les bras, crié dans les oreilles, sans pouvoir parvenir à m'éveiller. Quatre fois ils étaient revenus et avaient vainement essayé de tous les moyens : sans le bruit de ma respiration ils m'auraient cru mort. A la fin, la nuit s'avançant, ils avaient pris le parti de se coucher à leur tour.

Qu'y avait de vrai dans ce récit ? Avions-nous dormi tous les trois ? Ou bien Yahia qui aimait les aimables farces, avait-il mêlé à mes aliments quelque soporifique ? Mystère !

Je courus aussitôt à la fontaine, et que l'on juge de ma colère ! Le sol était piétiné, les empreintes des pas, nettement dessinées sur la terre. Pendant une grande partie de la nuit, plusieurs lions s'étaient roulés dans la poussière du sentier.

Ah ! cette fois, le découragement me prit, et je résolus de renoncer à mon entreprise. Deux occasions si belles, et manquées, pour ainsi dire, par ma faute. Moi, qui d'ordinaire, ne sommeillais que d'une oreille, je dormais les poings fermés, tandis qu'ils étaient là, si près.

Je revins à ma tente, la tête basse, le cœur serré ; mes Arabes semblèrent déconcertés en écoutant mon récit. Pourtant Yahia s'efforça de me consoler :

— Nous allons, disait-il, tant prier, tant supplier le marabout qui, tout à l'heure, va revenir, que, certainement, il ne te laissera pas repartir mécontent, pour la France.

Je ne répondais point à ces paroles ; tout

espoir m'abandonnait. Cependant, quand le vieil Arabe parut, je fus à sa rencontre et l'invitai à partager le repas que j'allais prendre.

Il consentit à s'asseoir; mais malgré toutes mes instances, il ne voulut toucher à aucun des mets que je lui présentai. Tirant de son burnous un chiffon crasseux contenant un peu de kouskoussou, il mangea sans rien dire, et finit seulement par accepter une tasse de café noir. Je pris alors, dans une caisse, un burnous superbe, et le lui remis avec cinq pièces d'or en l'assurant que j'étais seul coupable de mon échec.

J'ajoutai que ma résolution était prise de retourner immédiatement en France jusqu'à la nouvelle saison favorable à la chasse en Afrique.

A ces mots, mon visiteur se dressa, comme mû par un ressort; il leva ses bras vers le ciel auquel il parut adresser une ardente prière; ses yeux étaient mouillés de larmes, et son visage exprimait un recueillement profond. Après avoir gardé quelque temps cette pieuse attitude, il se tourna vers moi en souriant, et d'une voix lente :

— Renonce à ton départ pour aujourd'hui,

me dit-il ; fais acheter un bœuf que tu attacheras près de la fontaine. Les baudets viendront le dévorer cette nuit : Le Grand Marabout me l'a révélé tout à heure, et m'a chargé de te recommander de ne pas quitter ton poste, car, demain, ils abandonneront la contrée.

Pourquoi aurais-je douté de cette affirmation plus que des autres ? Le cœur plein de joie, pénètré de reconnaissance, je me confondais en remerciements, lorsque des cris perçants se firent entendre près de nous. Nous courûmes dans la direction de ces cris, et nous trouvâmes un jeune berger arabe se lamentant près d'une vache, qu'un lion, affirma-t-il, avait tué sous ses yeux, à l'instant même. L'examen de la bête me prouva que l'attaque venait d'un vieux lion ; un seul coup de griffe appliqué sur le cou, avait produit une mort instantanée, foudroyante. Les jeunes fauves, au contraire, saisissent leur proie par derrière et, moins exercés, mettent un temps assez long à l'achever.

Je priai le berger et le marabout de me laisser seul, et dans la prévision d'un retour, je demeurai près de la vache pendant plus de trois heures, en plein soleil, debout, et à découvert. Mon attente fut vaine.

Fatigué, et désireux de prendre du repos avant la nuit, je retournai à ma tente. L'heure tant désirée sonnerait-elle enfin pour moi? Allais-je être récompensé de mes peines, de mes fatigues, de ma persévérance? Je le croyais fermement; il ne m'était plus permis de douter de la parole du marabout.

Mais mes espérances s'étaient si souvent évanouies, que je ne pouvais me défendre d'un reste d'incrédulité.

CHAPITRE SIXIÈME

Nuit émouvante. — Un lion bless é. — Apparition d'un
second lion. — Uu repas un peu long. — Trait de bravoure des Arabes. — Le spectre de la déroute. — Je
retrouve le cadavre, — Une lettre utile. — Quelques
mots relatifs à la puissance du marabout.

Quand vint le moment de partir, on m'a-
mena, comme toujours, un bœuf qui, suivant
la recommandation du prêtre indigène, et à
l'aide d'une corde sacrée, par lui remise, fut
attaché près de la fontaine.

Je m'embusquai, après avoir recommandé
à mes Arabes de venir me rejoindre une heure
après qu'ils auraient entendu la détonation de
mon arme. Il était probable, en effet, que j'allais avoir affaire à plusieurs lions, et je pouvais me trouver dans quelque embarras.

Une fois seul, bien posté, ma carabine
prête, tous mes doutes cessèrent, et me

croyant certain du succès, je vis s'écouler le temps de l'attente sans trop d'impatience.

Vers dix heures, il me sembla entendre un pas ressemblant à celui d'un cheval. Je tournai légèrement la tête ; je ne me trompais point : un cheval, débouchant d'un fourré, se campa devant moi, le cou tendu pour écouter, puis, subitement, il détala au grand galop, comme s'il eût compris la présence d'un danger.

Un quart d'heure s'était à peine écoulé, lorsqu'un grand bruit comparable au piétinement de plusieurs bœufs se fit entendre à mes côtés. La lune brillait ; je vis passer en courant un superbe lion que je n'eus que le temps d'ajuster au flanc ; au moment où je pressai la détente, tout l'avant-corps avait déjà disparu dans un buisson.

Un rugissement effroyable répondit à la détonation et l'animal roula à terre ; je l'entendis se débattre dans d'affreuses convulsions, brisant tout sur son passage, enveloppé d'un nuage de poussière et faisant trembler le sol autour de lui.

Au même instant un râlement sourd me prévint que mon bœuf devenait la victime d'un second lion, affamé sans doute, puisque ni le coup de feu, ni les hurlements de douleur de son compagnon ne l'avaient effrayé. .

Quelques minutes s'écoulèrent encore dans le silence; puis j'entendis de nouveau la bête fauve qui, traînant sa proie dans les broussailles, cassant bruyamment d'énormes branches, couchant les ronces et les jeunes arbres, s'arrêta à peine à vingt mètres de mon lieu d'affût.

J'aurais pu compter les mouvements de sa mâchoire sous laquelle craquaient les os du bœuf; après chaque coup de dent, le lion s'arrêtait comme pour écouter et continuait à déchiqueter sa pâture.

Un souffle pouvait trahir ma présence et m'exposer à un grand péril car, peut-être, l'animal que j'avais tiré n'était que blessé, et chacun sait combien les lions en pareil cas, sont redoutables. Cependant, je rechargeai ma carabine avec mille précautions, et quand cette délicate opération fut achevée, d'épais nuages vinrent couvrir la lune, me plongeant dans la plus complète obscurité.

Malgré la gravité de la situation, j'étais heureux plus qu'on ne le saurait imaginer.

J'en avais donc vu rouler un sous ma balle ! Celui-là ne pouvait m'échapper.

Quant à l'autre qui se repaissait tranquillement à mes côtés, je comptais bien, si les nuages disparaissaient, ou s'il restait là jusqu'au jour, le tirer comme son camarade : la défense du marabout m'importait peu.

Tandis que joyeux et fier de mon succès je réfléchissais de la sorte, la bête fauve, qui venait de terminer son repas, s'approcha de moi : elle me frôla et son haleine effleura presque mon visage.

Immobile comme une statue, je restai ferme à mon poste, dans de terribles transes, je vous jure : un mouvement, et j'étais mort.

Le lion, sans nulle inquiétude, s'en fut se désaltérer à la fontaine. Il demeura là pendant une demi-heure qui me parut éternelle et, reprenant le même chemin passa de nouveau près de moi. Alors, n'y tenant plus, à tous risques, je fis feu au jugé. Un violent grognement retentit, suivi d'un profond silence.

Je ne bougeai point. Après une longue attente, entendant manger encore, je crus avoir manqué mon second lion.

Pendant ce temps, les premières lueurs de l'aube parurent, et désirant me rendre compte de ce qui se passait, je me traînai sans bruit sur les genoux, jusqu'à l'endroit où gisaient les restes du bœuf. Deux hyènes s'enfuirent à mon approche.

Aussitôt, d'un coup de sifflet, j'appelai mes Arabes qui accoururent le fusil à la main.

— Coquins ! leur dis-je, quand ils furent à portée de ma voix, c'est ainsi que vous venez me rejoindre une heure après le premier coup de feu, comme je vous l'avais ordonné !

— Oh ! répondit Yahia, nous avons entendu.

— Eh bien ?...

— Eh bien ! mais... le lion rugissait ; donc, il n'était pas mort.

— Alors, pourquoi n'es-tu pas venu ?

— Mais... cela eût été dangereux dans un pareil moment.

— Et vous aimiez mieux me laisser égorger que d'exposer votre peau pour me secourir. Je vous reconnais bien là, poltrons et lâches que vous êtes ! Mais ce n'est pas le moment de discourir : suivez-moi. Le premier animal que j'ai tiré est frappé à mort, sans nul doute. Nous devons le retrouver près d'ici.

Nous avions parcouru trente pas à peine, lorsque nous vîmes une grande mare de sang; à côté, nulles traces. Nous descendîmes dans un long fossé rempli de ronces; point d'indices.

Je pris le parti d'envoyer chercher les Arabes de la tribu, en leur faisant promettre une bonne récompense s'ils m'aidaient à retrouver *mon gibier.*

Ali, chargé de la commission, revint avec une quarantaine d'indigènes suivis du marabout qui avait passé la nuit au milieu d'eux.

Sans perdre une minute, je me mis à la tête de cette troupe disposée en tirailleurs comme pour une battue, et nous commençâmes à fouiller le bois et la plaine. Le sol, durci par la sécheresse, ne portait aucune empreinte.

Précédant mes hommes, sondant du regard les moindres replis du terrain, écartant les épines, et entr'ouvrant les buissons du bout de ma carabine, j'excitais chacun d'eux de la voix et du geste.

Mais, malgré mes chaleureux encouragements, la bande des Arabes s'avançait avec une extrême timidité, se tenant derrière moi à une distance respectueuse et donnant les signes d'une véritable frayeur. Lorsque je me retournais, je les apercevais groupés les uns derrière les autres, disséminés çà et là, hésitants, prêts à s'enfuir à la moindre alerte.

La couardise du cheik, sur qui je comptais pour donner le bon exemple, surpassait celle de tous les autres. A la fin, impatienté de voir que ni les prières ni les menaces ne parvenaient à les faire avancer, je m'approchai de ce cheik et lui appliquai un coup de pied dont il a dû garder la mémoire. Là-dessus, le brave se mit à crier comme s'il eût été grièvement blessé et prit sa course, suivi de tous les indigènes, heureux de cette occasion qui leur permettait d'abandonner la partie. Ce fut une joyeuse débandade ; on eût dit qu'ils avaient à leurs trousses une armée de lions : le spectre de la déroute leur était apparu ; on ne vit jamais un sauve-qui-peut plus rapide, plus lestement exécuté.

8

Au bout d'une minute, il ne restait autour de moi que le marabout, Ali et Yahia. Malgré mon vif mécontentement, je ne pus retenir un éclat de rire.

Nous continuâmes quelque temps nos recherches ; mais la nuit vint, et il fallut rentrer au campement. Le lendemain, je fis offrir aux Arabes des tribus voisines de m'accompagner moyennant une bonne récompense, mais ils résistèrent à toutes les tentatives, à toutes les promesses ; pas un ne se présenta au moment du départ.

Je consacrai trois jours à explorer la forêt avec mes serviteurs, examinant le sol carrés par carrés, buissons par buissons : inutiles investigations. Pas la moindre trace de lions blessés. J'en avait tiré deux, on s'en souvient ; j'étais certain d'avoir frappé le premier, et ne pouvais rien affirmer au sujet du second ; mais un secret pressentiment me disait qu'il avait été également touché.

Enfin, il me fallait renoncer à retrouver, même la dépouille d'un seul, et, le quatrième jour, à bout de patience, je me disposais à faire charger mes mulets pour repartir lorsqu'un Arabe vint me prévenir qu'il avait vu un lion mort que les vautours s'occupaient à dévorer.

Aussitôt nous montâmes à cheval et fûmes en quelques temps de galop à l'endroit indiqué. Le cadavre d'un lion gisait là, en effet; à notre approche les oiseaux de proie s'envolèrent lourdement, et je pus examiner à mon aise l'immense carcasse, à laquelle des lambeaux de chair putréfiées pendaient encore.

La peau avait dû être déchiquetée à coups de bec; mais certainement on ne l'avait point enlevée, car une grande quantité de poils jonchait la terre. Je pus constater aisément que la balle, en faisant explosion, avait brisé les deux dernières côtes. L'animal n'étant point atteint dans ses parties vitales, avait pu se traîner avant de mourir, pendant près de quatre kilomètres.

J'éprouvais, en le contemplant, un mélange de regrets et de satisfaction. Il était, à la vérité, perdu pour moi; je ne possédais pas sa dépouille, mais enfin je l'avais tué. Peut-être son compagnon était-il, lui aussi, étendu sans vie à quelque distance de là.

Mon apprentissage était fait. J'avais l'espoir d'être plus heureux à la saison suivante, et je pris, avec joie, quelques jours plus tard, le bateau de Philippeville qui me ramena en France.

La semaine suivante, une lettre du président de la Société des chasseurs de Jemmapes confirma mes prévisions et me prouva que mes deux coups de feu avaient porté. Je reproduis textuellement cette attestation qui n'est point inutile :

« La Safia, 29 juin 1865.

Mon cher monsieur.

« Je rentre de tournée avec mes gardes, et
« je ne puis vous écrire qu'un mot à la hâte,
« vu l'excès de fatigue.

« En passant dans un ravin très-fourré et
« presque impénétrable, de la forêt, les Ara-
« bes qui m'accompagnaient m'ont fait voir le
« cadavre d'un lion ; les hyènes, les chacals et
« les vautours l'avaient complétement dévoré.
« Il ne restait que le squelette ; mais l'une des
« dernières côtes était brisée, et elle n'a pu
« l'être que par un projectile. Je crois donc
« pouvoir vous affirmer que c'est le lion que
« vous avez tiré. Il sera venu se rembûcher et
« mourir à cet endroit, distant de 7 ou 8 kilo-
« mètres de votre poste. Il a dû vivre assez
« longtemps. Espérons un succès complet

« pour la future campagne. Excusez-moi, je
« suis éreinté.

« Tout à vous.

« (Signé) MARMIN. »

J'avais donc réussi ; mais, il le faut reconnaître, grâce à l'intervention du marabout.

Comment expliquer la prescience dont cet homme était doué ? Il m'en avait donné la preuve à plusieurs reprises. Trois fois, obéissant à ses intructions, je m'étais rendu au lieu par lui désigné, et trois fois les lions s'y trouvaient comme amenés là par une puissance extraordinaire. Quelle croyance accorder au pouvoir occulte que le marabout prétendait posséder ?

La chose la plus vraisemblable est, que vivant dans une contrée fréquentée par les lions, battant le pays du matin au soir, cet indigène avait appris à la longue les habitudes des animaux féroces, leurs promenades accoutumées, et acquis des données certaines sur les lieux qu'ils préfèrent.

Chacun a entendu parler de ces paysans braconniers dont les ruses et la finesse émerveillent les chasseurs eux-mêmes ; ces madrés compères trouvent moyen de prendre au collet tous les lièvres d'un pays ; ils connaissent les passages, et ne craignent point de promettre au bourgeois de la ville voisine une hase pesant cinq à six livres, ou sept ou huit, pour un jour désigné d'avance.

Mon marabout était sans doute doué de semblables qualités d'observation ; seulement, au lieu de guetter les petites bêtes, il s'était occupé des grosses.

Que si, toutefois, cette explication ne semble pas suffisante, ou pourra supposer qu'il attirait à lui les lions, de même que certains charmeurs attirent à eux les serpents.

Cette hypothèse nous entraînerait trop loin ; il nous faudrait admettre que les Arabes qui, à l'apparition de l'Islamisme, firent les premières découvertes scientifiques, que les Arabes, dis-je, ont étudié le magnétisme et savent s'en servir. Ils ne sont point ignorants, comme on le croit en général.

Mais on voit jusqu'où nous mènerait la supposition. Mieux vaut malgré ma conviction de magnétiseur, ne pas quitter le domaine des chasses.

J'avais, sans me laisser décourager par rien, atteint enfin mon but : j'avais tué deux lions.

Le lecteur me pardonnera, j'en suis sûr, mon long récit, la narration fidèle de toutes mes aventures. Jules Gérard ne mentait point en affirmant qu'une semblable chasse pouvait être infructueuse durant des années entières. Au reste, l'avenir me réservait d'heureuses surprises, et ma seconde expédition devait être, de toutes les façons, plus intéressante que la première.

CHAPITRE SEPTIÈME

Retour en Afrique. — Disparition du marabout. — Incendie aux environs de Jemmapes. — Bons sentiments des Arabes. — Perdu dans les bois. — Une battue intéressante. — Chasse en plein jour. — En face du lion. — Mon neveu et mon chien. — Combat dangereux. — D'audacieux voleurs.

Le temps de mon séjour en France fut consacré à des expériences relatives aux balles explosibles; on en lira plus loin le récit détaillé.

Malgré l'intérêt que présentaient ces études et ces travaux, je comptais les heures qui me séparaient de ma nouvelle entrée en campagne et ce fut avec une joie impatiente que je m'embarquai au commencement du mois de novembre pour Philippeville.

Mon neveu, dont les pressantes sollicitations avaient vaincu ma résistance , m'accompagnait dans cette seconde expédition. Je partis avec la ferme conviction que j'allais prendre une éclatante revanche et me dédommager de mes précédentes infortunes.

La traversée fut détestable et féconde en incidents qu'il serait trop long de rapporter. Nous débarquâmes à Stora et, le soir même, nous étions rendus à Jemmapes.

En arrivant, mon premier soin fut de m'informer du marabout. Cet étrange personnage avait disparu deux mois après mon départ, à la suite d'un violent incendie qui consuma en grande partie les forêts de chênes-liège, depuis Jemmapes jusqu'aux confins de la Tunisie.

Mon protecteur était-il l'un des auteurs de ce sinistre? Nul ne le pourrait affirmer. Mais il est certain que les marabouts ne se lassent point de prêcher la révolte contre les Français; ils ne négligent pas une occasion d'affirmer à leurs coreligionnaires que tous les moyens sont bons pour nuire aux ennemis de leur foi et se débarrasser de l'occupation étrangère. Maintes fois, à la veille de la récolte du liège, de semblables incendies se sont déclarés, ruinant en une nuit les concessionnaires. On a prétendu que ces désastres présentaient un avantage, celui de laisser aux Arabes un sol fertilisé et propre aux pâturages. A mon avis, les indigènes n'ont, en mettant le feu, qu'un seul but : détruire les possessions des *Roumis*. Tel est le terme de mépris dont ils se servent en parlant des chrétiens.

Seul, peut-être, j'avais trouvé grâce devant mon marabout à cause de mes largesses. Ce fanatique eut le tort de s'enfuir trop tôt ; je m'étais muni pour lui de présents agréables.

J'apportais en outre à mon serviteur Ali, un beau fusil Lefaucheux, et à Yahia un fusil à baguette. Ce dernier, on le verra plus loin, ne me pardonna pas cette préférence, bien naturelle pourtant : l'un m'avait constamment suivi, me donnant des preuves de fidélité et de dévouement ; l'autre m'avait seulement accompagné comme guide, à de rares intervalles.

Le lendemain de notre arrivée, dès le matin, nous étions en route, emportant les objets nécessaires au campement et nous dirigeant vers la maison du garde Grosseur, près de laquelle si souvent j'avais entendu des lions.

A quelques kilomètres de notre destination,

des Arabes nous croisèrent sur la route et nous prévinrent que, la nuit précédente, un cheval avait été tué non loin de là par les bêtes fauves.

Je me rendis aussitôt à l'endroit indiqué et y demeurai jusqu'au jour. Les lions ne vinrent pas, mais leurs rugissements retentirent, et cela me parut un bon présage pour l'avenir. Cette voix si puissante qui tant de fois avait fait battre mon cœur, réveilla mon ardeur et ralluma pour ainsi dire le feu de la passion à laquelle je devais tant de déceptions, mais aussi tant de joies.

A l'aube, j'allais abandonner ma faction, quand une hyène s'en vint rôder auprès des restes du cheval. Je ne pus résister au désir d'essayer sur elle l'effet de ma balle explosible dont je comptais me servir désormais. Le projectile fit merveille et creusa dans le flanc de l'animal un trou de $0^m,80$ de circonférence. Décidément mes affaires s'annonçaient bien.

Mes tentes une fois installées, je recommençai sérieusement à chasser.

Un matin, désireux de faire une reconnaissance du côté de la mer, je partis, suivi de mon chien, et me dirigeai en dehors des sentiers battus, tout droit vers le village.

Afin de *couper au raccourci*, comme l'on dit à la campagne, je m'engageai dans un taillis très-haut, très-fourré; le bruit des flots parvenait distinctement à mon oreille et me guidait; mais j'avais compté sans des ronces et des branchages inextricables. Au bout de deux heures de marche j'entendais toujours très-nettement les vagues qui déferlaient sur la côte; seulement je ne parvenais plus à m'orienter : impossible de franchir la petite distance qui me séparait de la plage, impossible de sortir du bois. Je m'épuisais en inutiles efforts et m'enfonçais dans le hallier, tournant sans cesse dans un même circuit.

Mon chien, la queue basse, la mine attristée, flairait mes talons; le jour baissait, la nuit vint. D'affreux tiraillements d'estomac commençaient à se faire sentir; point de provisions. Allais-je donc mourir de faim dans ce labyrinthe sans issue? Cette frayeur me saisit et je tirai en l'air quelques coups de fusil, espérant qu'on viendrait à mon aide; nulle voix ne répondit à mon appel.

Il fallait se résigner. De guerre lasse, après

quelques dernières tentatives désespérées je
fis un amas d'herbes et me couchai. D'horribles songes m'assaillirent. Je rêvai de Tantale
et d'Ugolin, et quand l'aurore dissipa les
spectres, ravivant mon appétit devenu féroce,
je songeai, non sans joie, qu'avant de mourir
d'inanition je pourrais manger mon chien. Il
m'avait cependant, on ne l'a peut-être pas
oublié, rendu l'année précédente un signalé
service; mais sur le radeau de la *Méduse* bien
d'autres sacrifices s'étaient accomplis!

Pauvre chien! tu ne te doutais point de mes
coupables pensées. Les yeux fixés sur les
miens tu m'interrogeais : Que faisons-nous?
semblais-tu me dire.

Soudain je pensai que ton instinct pouvait
seul me tirer d'embarras. — « Marche, te dis-
je. » — Et tu pris les devants, sans hésiter,
retournant à chaque instant la tête pour voir
si tu étais suivi. Ah! je n'avais garde de t'a-
bandonner! Bientôt tu découvris un petit
sentier à peine battu par les hôtes du taillis,
et, un quart d'heure après, grâce à toi, j'étais
hors de ce mâquis africain.

Que ton ombre me pardonne, en faveur de
cet éloge, trop tardive réparation!

Les chiens valent mieux que la plupart des hommes. Ils sont intelligents et reconnaissants.

Grâce à cette leçon, je me gardai, plus tard, de m'aventurer dans des bois inconnus, mais je ne cessai point d'aller passer les nuits à l'affût. Le matin, pour ne pas rentrer bredouille, je tirais parfois sur des lynx, des chats-tigres, ou des porcs-épics dont la chair est délicieuse. Ainsi, en France, à la fin de la journée, les chasseurs malheureux se vengent sur les pies et les merles.

Les sangliers abondaient aussi dans la région; malheureusement, les lions, soit par suite de l'incendie des forêts, soit pour toute autre cause, ne donnaient plus signe de vie. Malgré les heureux présages qui m'avaient accueilli, les semaines succédaient aux semaines, et les veilles aux veilles, sans aucun bon résultat.

Au mois de février, seulement, je distinguai, dans le lointain, quelques faibles rugissements; et, à quelque temps de là, un matin, un Arabe, chargé par moi, depuis mon arrivée, d'explorer soigneusement les environs, de suivre les pistes et de me signaler les traces intéressantes, m'assura qu'il avait remarqué les empreintes fraîches de deux lions qui, à son avis, devaient être couchés dans le fond du ravin du Fedj-el-Fehoul. L'indigène m'affirma qu'ils étaient *cantonnés* là, et que, certainement, ils se feraient entendre dans la nuit ; il me conseilla d'aller me placer près d'un sentier très-fréquenté.

L'expérience m'avait appris ce qu'il fallait attendre de ce genre de chasse, et quelles déceptions en résultaient. Je m'étais promis, à la première occasion favorable, non plus d'attendre les grands carnassiers dans une embuscade, au milieu des ténèbres, mais de marcher au-devant d'eux, et de les attaquer en face, au grand jour.

L'entreprise ne se ferait point sans danger ; mais j'y étais résolu. Personne n'a tiré le lion dans de semblables conditions ; Jules Gérard s'en est vanté dans plusieurs ouvrages, mais je puis affirmer que, jamais, il n'a attendu l'ennemi en rase campagne et de pied ferme ; il se servait, au contraire, d'affûts construits à l'avance, et dans lesquels il ne courait aucun danger. On me pardonnera cette révélation qui détruit le plus grand intérêt des romans du *tueur de lions* ; mais, je dois à mes lecteurs la vérité avant tout.

A la pensée que, le premier, j'allais tenter une si audacieuse entreprise, mon ardeur redoubla.

Aussitôt, j'envoyai Ali dans les deux tribus voisines, avec ordre de me ramener tous les Arabes qui, moyennant salaire, consentiraient à m'accompagner dans une battue aux sangliers. Tel était le prétexte à l'aide duquel je déguisai mon projet ; si j'avais parlé de lions, pas un homme ne serait venu.

Grâce à cette innocente ruse, quarante-deux indigènes répondirent immédiatement à mon appel ; et, quoique pris de fièvre, je me plaçai à leur tête. Mon neveu marchait à côté de moi, portant une carabine de rechange et un fusil de chasse. Le chien du garde, un grelot au cou, nous suivait.

Après une heure de marche, nous atteignîmes le sommet du Fedj-el-Fehoul, et je disposai les Arabes autour du ravin signalé, un vrai repaire de bêtes féroces. C'était un vaste entonnoir, aux parois escarpées, semées d'arbres gigantesques, et garnies, jusqu'au fond, de broussailles épaisses, de buissons d'épines, de hautes herbes.

J'indiquai à mes hommes l'endroit où j'allais me placer, en leur recommandant de ne point me perdre de vue, et, au moment où j'agiterais mon mouchoir, de descendre tous en même temps les pentes, dans ma direction, en poussant de grands cris. Afin d'éviter quelque maladresse, je m'étais opposé à ce qu'aucun d'eux portât une arme à feu.

Suivi de mon neveu et du chien, j'allai me poster au fond du ravin, dans une clairière, bien à découvert, près d'un tronc d'arbre depuis longtemps déraciné et couché, sur le bord d'un petit ruisseau profondément encaissé, mais si peu large que, d'un saut, il eût été aisé de le franchir.

Mes dernières dispositions une fois prises, je donnai le signal convenu et, aussitôt, d'immenses clameurs retentirent de toutes parts. Deux lynx passèrent ; puis, cinq ou six chacals et quelques sangliers. Un singe de haute taille gambadait et sautait d'arbre en arbre, avec mille précautions.

Tandis que je m'amusais à l'examiner, un grand bruit se fit entendre. Mon neveu croyant la battue terminée, venait de disparaître derrière un buisson : je l'appelai doucement. Le bruit se rapprochant, et le chien donnant les marques d'une vive agitation :

— Prends cet animal, dis-je précipitamment, à voix basse. Ce sont eux !

Au même instant, un magnifique lion, ayant à côté de lui sa femelle, sortit du bois et passa fièrement devant moi, à trente pas.

Choisir le moment favorable, viser et presser la détente, tout cela fut l'affaire d'une seconde. Par une fatalité vraiment incroyable, la capsule, seule, s'enflamme, et ma carabine reste muette.

En entendant cette légère détonation, le lion et la lionne s'arrêtent un moment, me regardent, l'œil enflammé, et continuent leur chemin ; mais aussitôt, mon second coup dirigé au défaut de l'épaule, fait pousser au lion, placé entre la lionne et moi, un rugissement effroyable.

En deux bonds, il s'élance jusqu'au bord du ruisseau, tandis que sa femelle s'éloigne sur ma droite en grognant ; encore un effort, il va m'atteindre ; mais ses forces ne lui permettent point de franchir la courte distance qui le sépare de moi : il tombe et s'accroupit, comme s'il cherchait à reprendre haleine, à retrouver un reste de vie, afin de s'élancer sur son meurtrier et se venger avant de mourir.

Je me détourne alors pour saisir ma seconde carabine et achever l'animal furieux. O désespoir ! Dans sa précipitation à se jeter sur le chien, mon neveu a commis une méprise qui va sans doute nous coûter la vie ; emportant mon arme, il ne m'a laissé que son fusil de chasse chargé à plomb !

A cette vue, un frisson de terreur me secoue de la tête aux pieds ; une sueur froide m'inonde ; je crois que ma dernière heure est venue. J'entends une sorte de murmure ; un bourdonnement sinistre fait tinter mes oreilles. Avec la rapidité de l'éclair, passent devant mes yeux des images d'êtres chéris, et mille souvenirs confus se pressent, en un instant, dans ma mémoire. Tout cela se passe en quelques secondes.

Revenu de cette courte et indescriptible angoisse, je songe au salut de mon jeune compagnon et lui crie :

— Sauve-toi ! Nous sommes perdus.

Il grimpe lestement sur un arbre, portant en bandoulière l'arme qui, entre mes mains, eût été le salut.

Pendant ce temps, le lion gagne du terrain ; il se traîne ; on dirait qu'il reprend des forces ; il va franchir le ruisseau.

Immobile à ma place, tenant en joue le fusil de chasse presque inoffensif, j'attends un dernier bond pour tirer à bout portant mes deux coups dans la gueule. Suprême et périlleuse ressource !

Tout à coup, une heureuse inspiration me vient :

— Descends vite, dis-je à mon neveu, et apporte-moi ma carabine.

Et comme le temps presse, et que le pauvre garçon, cramponné à une branche et bien en sûreté, ne se hâte pas de m'obéir, j'élève de nouveau la voix et le mettant en joue :

— Descends ou je te tue !

Aussitôt, et sans la moindre hésitation, il se laisse glisser le long du tronc, s'approche, me remet mon arme, et remonte sur l'arbre. Beaucoup de gens, en pareille circonstance, n'eussent pas fait preuve d'un tel courage.

A ce moment, le lion se relève et, comme

s'il eût deviné mon intention, au lieu de fondre sur moi, il disparaît dans le fourré en se traînant péniblement sur trois pattes et sans me laisser le temps de l'ajuster. La lionne, masquée par des buissons, pousse de sourds rugissements ; mais, bientôt, tout se tait.

Sur ces entrefaites, quelques Arabes arrivèrent près de moi. La plupart, en entendant la détonation et le cri terrible de l'animal blessé, s'étaient enfuis précipitamment dans la direction de leurs douar. Je félicitai de leur bravoure ceux qui m'avait rejoint ; ils répondirent :

— Oh ! le lion doit être mort ! Nous avons entendu sa voix après ton coup de feu !

C'était ce qui les rassurait et les avait empêchés de suivre leurs camarades.

Nous nous mîmes, séance ténante, à la recherche de la bête. De larges taches de sang marquaient les places où elle était tombée épuisée. Nous suivîmes ces rougeurs pendant quelque temps jusqu'à ce que le fourré devenant impraticable, il nous fut impossible d'aller plus loin.

Sur l'observation qui me fut faite par les Arabes qu'il serait dangereux de continuer les recherches et qu'il valait mieux les remettre au lendemain, je me décidai à m'éloigner, non toutefois sans faire le tour du ravin en examinant soigneusement les environs, afin de m'assurer que l'animal blessé n'en était point sorti.

De retour au campement, heureux de ma victoire, je voulus pour la fêter, donner un divertissement aux Arabes. Pendant une partie de la nuit, ils dansèrent et mangèrent à volonté.

A la pointe du jour, je partis avec ma bande et deux mulets destinés à rapporter ma victime.

Après mille difficultés nous parvînmes à travers une véritable forêt d'épines jusqu'à une grande mare de sang ; l'animal avait dû faire là sa dernière halte. En effet, dix pas plus loin, je le retrouvai mais dans quel état ! Complétement dépouillé ! Pendant la nuit, des malfaiteurs étaient venus voler la peau.

On juge de ma fureur. Je saisis deux Arabes par le bras, un de chaque main, et leur enjoignis de me dénoncer sur l'heure, sous peine d'un châtiment terrible, les auteurs de cette criminelle action.

Ils se confondirent en protestations de toute

sorte, m'affirmant qu'ils ne savaient rien, qu'ils ne m'avaient point quitté pendant la nuit, et que personne ne leur avait parlé de cette affaire.

J'employai inutilement les prières, les menaces, les promesses : j'allai même jusqu'à offrir cinq mille francs à quiconque me ferait retrouver la dépouille qui m'appartenait !

Cette dernière proposition, cependant, toucha l'un de ceux que je soupçonnais le plus, et il me promit de me dire le nom des voleurs.

Mais il craignait sans doute de s'attirer un mauvais parti si l'on apprenait qu'il était l'auteur de la délation, car j'eus beau faire appeler un caïd nommé Lakdar avec lequel j'avais eu des relations suivies, mon homme nia devant lui m'avoir jamais promis quoi que ce soit.

J'informai le bureau arabe de cet incident ; j'adressai une plainte au général commandant la province de Constantine (1) ; le tout sans résultat. Mon lion était perdu pour moi, définitivement perdu.

Il m'est permis de croire que l'appât d'une

(1) Voir la réponse aux pièces justificatives.

récompense aussi considérable que celle que j'offrais, eût tenté les Arabes si la peau était restée entre leurs mains ; probablement, elle avait été expédiée à quelque personnage influent ; ces motifs particuliers ont dû contribuer, seuls, à faire échouer mes démarches.

CHAPITRE HUITIEME

Un empailleur anthropophage. — Le caïd Lakdar. — Hospitalité arabe. — Tentative d'assassinat. — Un Bourguignon
gascon. — Comment les femmes arabes mettent les lions
en fuite. — Excursions aux environs de Barral. — Trait
de pudeur de deux jeunes filles indigènes.

Mon unique souci, en écrivant *mes aventures*,
est, d'abord, de ne rien raconter qui ne soit
d'une scrupuleuse exactitude; ensuite, de rappeler au jour le jour, et pour ainsi dire par
ordre chronologique, les épisodes et les anecdotes présentant quelque intérêt. Pour remplir
cette humble tâche, je n'ai qu'à feuilleter mon
carnet de notes.

J'y retrouve un fait assez plaisant.

Tandis que nous cherchions le lion dont la
peau me fut volée, le grand singe qui, la veille,
au moment de la battue, m'était apparu dans

les arbres, se mit de nouveau à nous suivre, observant nos mouvements et bondissant d'une branche à l'autre avec des mines et des grimaces comiques.

De temps à autre, malgré ma préoccupation, je levais la tête, amusé par ses contorsions, lorsqu'un coup de feu retentit, et la pauvre bête tomba lourdement sur le sol où elle demeura sans mouvement. Une balle au cœur l'avait tuée raide.

Mon neveu était l'auteur de cet exploit qui lui valut de vifs reproches de ma part. Toutefois, comme le singe mesurait plus d'un mètre de haut et ressemblait presque à un jeune gorille, je résolus de l'emporter.

Une bande de ces quadrumanes, attirée sans doute par quelques fruits agréables, vient, paraît-il, dans la contrée, tous les ans à la même époque, et disparaît au bout de quelque temps.

Au retour de notre expédition, je fis prévenir un préparateur de peaux demeurant à Jemmapes, et auquel j'avais, maintes fois, confié des dépouilles de hyènes ou de chacals.

Cet individu, d'allures étranges, se faisait

appeler César et passait pour un déporté po-
litique. Il ne vivait guère que dans les bois, et
se nourrissait d'ordinaire, avec la chair des
chats-tigres et des animaux sauvages qu'il
prenait à l'aide de pièges.

César, au moment d'emporter le singe, me
demanda la permission d'en manger les morceaux friands. Je l'y autorisai volontiers, en
lui souhaitant bon appétit.

Lorsque la semaine suivante, il me rapporta
la peau convenablement préparée :

— Eh bien ! lui-demandai-je, vous êtes-
vous régalé ? Quel goût a-t-elle, cette viande ?

— Ma foi, me répondit-il, il n'y a point de
différence avec la chair de l'homme.

— Bah ! vous en avez donc mangé ?

César, rougit, balbutia, se troubla, et j'eus
beau le presser de questions, je ne pus en tirer un mot. Je ne m'attendais certes pas à
rencontrer dans la province de Constantine un
empailleur français anthropophage ; mais
il me fut impossible d'éclaircir ce singulier
mystère.

A peu de temps de là, le caïd Lakdar dont
j'avais sollicité l'intervention, me fit prévenir

que des lions rôdaient la nuit autour de sa demeure et m'invita à lui rendre visite. J'acceptai cette proposition bienveillante.

Au jour fixé, le caïd m'attendait sur le seuil de sa porte : un feu de mousqueterie salua mon arrivée et me surprit au moment où j'examinais curieusement l'habitation de mon hôte, laquelle était agréablement située au centre d'une plaine à peu de distance du cap de Fer. Son aspect seul, indiquait la grande fortune du propriétaire ; tout y respirait l'aisance. Peu de maisons arabes offrent un semblable confort, et Lakdar tenait à me faire les honneurs de la sienne en m'y offrant une somptueuse hospitalité.

Il m'installa dans une belle pièce du rez-de-chaussée et fit, presque aussitôt, servir un copieux repas fort gênant pour moi, car la cuisine arabe m'a toujours inspiré une invincible répugnance. Je me tirai d'embarras par un hardi mensonge.

J'affirmai au caïd que mon médecin m'avait soumis à un régime des plus sévères, auquel je ne pouvais déroger sans compromettre ma santé et m'exposer à de graves accidents. Impossible de me passer de vin et de me priver de certains mets substantiels.

— Permets-moi donc, lui dis-je, de préparer moi-même certaines provisions de bouche dont je ne me sépare jamais. J'espère que tu ne refuseras pas de goûter à ma cuisine.

— J'accepte pour t'être agréable, me répondit-il.

En quelques minutes, j'eus accommodé un excellent repas, et l'on se mit à table.

Le bon musulman qui, jusqu'alors, quelques frères étant présents, avait scrupuleusement observé devant moi les préceptes du Coran, ne manifesta, ce soir-là, aucun scrupule.

Il trouva, même, mon bordeaux si fort à son goût, que de petits verres en petits verres, de santés en santés, nous en vidâmes cinq bouteilles ; un flacon de cognac fut absorbé par là-dessus, et bientôt le grave caïd donna les signes d'une ivresse manifeste.

Je l'avais fait boire à plaisir, me tenant sur la réserve : il parlait, il parlait. Nous en arrivâmes vite au chapitre des confidences ; alors il me fit le panégyrique de ses quatre femmes qui, à l'en croire, étaient non-seulement plus belles les unes que les autres, mais encore les plus admirables créatures de l'univers.

Plus il causait, plus il s'échauffait. Son enthousiasme devint tel, que, pour me prouver son dire, il m'offrit de me faire juge et de me montrer mesdames ses épouses, voulant, de la sorte, fouler aux pieds, à mon profit, les lois de sa religion qui défendent aux femmes de paraître en public le visage découvert.

Je connaissais le caractère ombrageux, la féroce jalousie des Arabes ; et craignant que Lakdar, une fois dégrisé, ne se repentît de sa confiance et de ses compromettants aveux, je déguerpis sans bruit dès qu'il fit jour, avec mes mulets et mes bagages, laissant le caïd, plongé dans un profond sommeil, cuver son vin sous la table.

De retour à mon campement, je commençai mes expéditions nocturnes. Yahia, toujours zélé en apparence, vint me prévenir un matin, que des lions, la nuit précédente, avaient fait invasion dans une tribu voisine, et égorgé plusieurs bœufs sans en dévorer un seul.

Supposant, d'après cela, qu'une seconde visite ne pouvait tarder, je me mis aussitôt en route, suivi de l'Arabe.

Chemin faisant, à ma grande surprise, les

passants interrogés répondirent invariablement qu'ils n'avaient point entendu parler de cet événement.

Yahia, quelque peu embarrassé, continua néanmoins d'affirmer la certitude de son renseignement, déclarant tenir la nouvelle de deux indigènes qu'il ne put me désigner.

Ne voulant négliger aucune occasion de réussite, je me rendis à l'affût à l'endroit désigné où je ne vis et n'entendis absolument rien.

A minuit, désespérant de réussir et doutant de plus en plus de la véracité de mon serviteur, je le rejoignis et lui donnai l'ordre de seller les chevaux, afin de retourner immédiatement à Jemmapes.

Le trajet à parcourir était d'environ vingt-cinq kilomètres à travers bois; mais les étoiles brillaient au ciel et la lune projetait une telle clarté qu'on y voyait comme en plein jour.

Nous cheminions depuis une heure, quand éclata tout à coup un coup de feu tiré par l'Arabe marchant derrière moi.

D'un mouvement vigoureux et rapide, je fis faire volte face à ma monture, et couchant en joue Yahia :

— Misérable ! lui criai-je, d'une voix que la colère rendait terrible, un pas de plus et tu es mort ! Donne-moi ton fusil.

Il me le remit en tremblant de tous ses membres, et n'ayant plus la force d'articuler un mot.

Au bout de quelques minutes, revenu de sa terreur, il me répondit :

— Tu crois sans doute que c'est sur toi que j'ai tiré ?

— Et sur qui donc, impudent menteur ?

— Mais sur un lion qui a traversé la route à quelques pas devant toi.

— Un lion que je n'ai point vu, moi qui marchais devant ! Un lion, à l'approche duquel nos chevaux n'ont pas donné la plus petite marque de frayeur... tu ferais mieux de te taire et d'avouer.

— Je te jure...

— Assez. Je ne sais, en vérité, ce qui m'en-pêche de t'envoyer une balle dans la tête.

A ces mots, il fondit en larmes.

— Pleure, lâche coquin, continuai-je ; ton coup est manqué et tu trembles en te voyant à ma merci. Allons, marche devant et ne t'a-vise pas de retourner la tête ou de chercher à fuir : au premier mouvement suspect, je tire.

Il obéit, et nous poursuivîmes silencieusement notre route durant laquelle il se garda bien de me désobéir et de provoquer ma colère. Je tenais ma carabine armée et prête à faire feu au moindre geste.

Lorsque nous atteignîmes les premières maisons de Jemmapes, le gredin se jeta à mes genoux, m'assurant de son dévouement, protestant de son innocence et s'efforçant de m'attendrir au nom de sa femme et de ses enfants dont il était l'unique soutien

— Eh bien ! lui dis-je, pars et va te faire pendre ailleurs ; seulement, fais en sorte de ne jamais te trouver, la nuit, sur mon chemin. Tu m'entends.

Il ne se le fit pas répéter et s'enfuit précipitamment, après m'avoir remercié avec une effusion hypocrite.

Ce bandit me savait porteur d'une grosse somme et, maintes fois, je l'avais surpris jetant des regards de convoitise sur un beau brillant que je portais au doigt. Le vol était donc le mobile de sa criminelle tentative. En outre, on n'a point oublié que le fusil que je lui avais rapporté de France ne ressemblait point à celui d'Ali ; la jalousie et la cupidité, il n'en faut pas davantage pour expliquer un attentat auquel je n'échappai que par un hasard providentiel, puisque Yahia n'était pas à plus de six pas, lorsqu'il tira sur moi.

Il eût, certes, mérité un tout autre châtiment et l'on pourra s'étonner de ma débonnaire patience ; mais, depuis l'affaire du malheureux Salah, je n'avais garde de me créer des embarras.

De Jemmapes, je me rendis à Barral et, j'étais à peine arrivé dans cette dernière localité, lorsqu'on m'annonça une importante nouvelle : une troupe de quatre lions parcourait la contrée depuis quelque temps, semant la terreur sur son passage et tuant, chaque nuit, un grand nombre d'animaux.

A la tête de la bande marchait, affirmait-on, un énorme lion noir que les indigènes connaissaient depuis plus de trente ans ; le théâtre préféré de leurs exploits était les rives de la Seybouze où se voyaient, en effet, des traces nombreuses, les unes fraîches, les autres datant déjà de longtemps.

Après avoir examiné moi-même ces marques, ce *piquet*, comme on dit dans la langue des chasseurs, je m'établis sur ces bords si bien fréquentés et y passai quinze nuits consécutives. Ma présence suffit-elle à éloigner les bêtes féroces? Je l'eus pu croire avec un peu de vanité, car aucune d'elles ne se montra. Seulement, à quelques kilomètres des bords de la rivière, la terrible famille continuait ses déprédations.

Sur ces entrefaites, des indigènes m'informèrent que les lions avaient rendu visite à un riche propriétaire bourguignon, M. Derutet qui, depuis peu, possédait un magnifique domaine sur la route de Soukaras. Huit bœufs avaient été tués en une nuit, et, après le lever du soleil, le lion noir était resté près de l'habitation, tranquillement occupé à dévorer les restes d'une de ses victimes.

Les nombreux serviteurs de la ferme, ou plutôt du château, car la demeure est princière, résolurent de sortir en masse afin d'éloigner ce visiteur sans gêne; mais, quoique armés jusqu'aux dents, ils s'arrêtèrent à la porte de la cour sans oser la franchir. Ils hasardaient bien quelques pas en avant, mais, l'animal mécontent et ne voulant point qu'on troublât son repas, poussait un grognement à la façon d'un chien à qui l'on veut arracher un os et, aussitôt, les vaillants chasseurs se repliaient en désordre.

Cependant, des femmes arabes, plus courageuses que tous ces hommes, sortirent, s'avancèrent hardiment à trente pas et, là, sans la moindre pudeur, relevèrent leur *haïk*.

A cette vue capable, assurément, de faire reculer les plus braves, le lion se leva et se dirigea vers la forêt.

Ce fait qui, à diverses reprises, m'a été affirmé par des personnes dignes de foi, pourra sembler bien invraisemblable : il paraît cependant que le roi des animaux a une horreur instinctive des femmes indigènes, et qu'il éprouve un profond dégoût lorsque celles-ci montrent à découvert certaines parties de leur corps.

Sitôt prévenu de ces événements, je me rendis en toute hâte sur le lieu du carnage et m'y postai à l'affût pendant toute une nuit. Aucun animal ne se montra.

Le matin, M. Derutet vint me trouver et m'invita à dîner, me prévenant qu'il possédait un des meilleurs crus de la Bourgogne, et que sa cave africaine n'était point mal garnie. J'acceptai cette hospitalité, à la condition d'être libre de me retirer avant la nuit.

Ce propriétaire avait une fille de seize ans qu'il me présenta, et nous nous mîmes à table sans retard.

On devine le sujet principal de la conversation. Mon hôte me donna sur l'incident de la veille les détails les plus complets et confirma le récit que l'on m'avait fait.

— Non, dit-il en terminant sa narration, je n'ai jamais éprouvé la moindre crainte en entendant rugir le lion, et j'aurais tué sans sourciller celui qui m'a honoré de sa visite.

— Et pourquoi, répliquai-je, ne l'avez-vous point fait?

— Parce que l'on s'est jeté sur moi pour m'empêcher de sortir, et que mes serviteurs, aidés de ma fille, m'ont mis dans l'impossibilité absolue de quitter ma demeure.

— Oh! papa! s'écria alors la jeune fille, est-il permis de mentir de la sorte! Tu avais si grand peur que, lorsqu'on est venu te prévenir de la présence du lion dans le verger, tu es monté dans ta chambre où tu t'es enfermé à double tour. Voilà la vérité, monsieur; il ne faut pas se vanter d'avoir du courage quand on tremble à tout propos.

— Voyons, voyons, répondit M. Derutet en rougissant jusqu'aux oreilles, as-tu pris à tâche de me dire des méchancetés et de me contrarier chaque fois que nous avons du monde?

— Des méchancetés! Mais, monsieur, poursuivit l'enfant terrible en se tournant vers moi, si je vous racontais tout ce que la frayeur a fait faire à papa; si...

Il devenait utile de *rompre les chiens*.

— Parlons d'autre chose, mademoiselle, je vous en prie. Le moment ne vous semble-t-il pas venu de nous faire goûter ce fameux vin de Bourgogne que monsieur votre père m'a tant vanté?

Un regard suppliant de M. Derutet acheva d'imposer silence à la fillette qui, non sans rire de l'embarras du propriétaire bourguignon, courut chercher elle-même une bouteille du bon cru.

Le repas s'acheva gaiement et, pour éviter une nouvelle indiscrétion, le père disait « ma mignonne » chaque fois qu'il adressait la parole à l'enfant qui répondait malicieusement : oui, mon papa, oui, mon cher papa.

Le lendemain, nouvelle alerte.

La bande de lions, pendant la nuit, avait tué un cheval dans une tribu voisine, à deux lieues de Barral.

Je me rendis, sans perdre un instant, à l'endroit désigné et trouvai effectivement l'animal aux trois quarts dévoré.

Je me blottis dans un buisson, tout à côté des restes gisant à une courte distance du douar, et j'attendis.

Pendant toute la nuit, les Arabes poussèrent des cris épouvantables que répercutaient les échos de la montagne : on eût dit un chœur de Wagner chanté par des sauvages. Tantôt les hurlements grondaient furieux, tantôt les voix s'adoucissaient comme pour une invocation.

J'entendis ce singulier concert non sans murmurer, car il diminuait mes chances de réussite, et, au point du jour je demandai les causes de ce vacarne. On m'affirma qu'il avait eu pour pour but d'éloigner les fauves.

C'étaient des prières adressées à ceux-ci ; les indigènes les suppliaient d'épargner leurs troupeaux, et les engageaient à choisir de préférence les bœufs, les chevaux et les vaches du riche *roumi*, c'est-à-dire de M. Derutet. Afin de décider les lions à suivre ces conseils, ils ne ménageaient point, dans leurs chants, les épithètes, les louanges, et les appelaient Seigneurs bons, Seigneurs cléments, Seigneurs généreux.

J'appris ce détail à notre vaillant Bourguignon, quelque peu gascon, que je rencontrai en revenant à ma tente, et mon homme entra dans une grande colère.

— Les gueux! s'écria-t-il. Ils me traitent journellement de chien et, par-dessus le marché, supplient le ciel de m'envoyer les lions! Je vais, donner à mon garde l'ordre de les recevoir comme il convient, toutes les fois qu'ils mettront les pieds sur ma propriété. Ils me payeront cela plus cher qu'ils ne le pensent.

Sans essayer de calmer cette légitime indignation, je pris congé de M. Derutet et retournai immédiatement à Barral.

Je croyais ne point revoir de sitôt le courageux colon; aussi, grande fut ma surprise en le voyant paraître le jour suivant.

— Vous ici! lui criai-je en l'apercevant.

— Moi-même. Les lions ont compris sans doute le sens des invocations qu'on leur adressait, et ils ont fait droit à la demande : cette nuit, il sont revenus et m'ont encore tué cinq bœufs.

— En vérité !

— Vous pouvez me croire ; aussi, de ce pas, je vais à Bone commander des ferrures pour établir un parc infranchissable, J'ai contre moi les bêtes féroces et les Arabes ; ces derniers s'entendent pour piller les Français : ces canailles cherchent à nous faire quitter le pays. Eh bien ! Soit ! A la première occasion, je vendrai mon domaine. Voulez-vous l'acheter ?

— Ma foi, non.

Là-dessus, M. Derutet s'en fut à Bone, et je recommençai mes expéditions.

Un mois s'écoula sans que les lions me donnassent signe de vie, sans qu'il me fût, même, possible, de découvrir leurs traces.

Le découragement commençait à s'emparer de moi de nouveau, lorsqu'on me signala la présence d'une panthère sur les bords de la Seybouze et non loin de Barral.

Faute de grives, dit le proverbe, on mange des merles. J'allai donc à l'affût et, dès le second soir, deux panthères s'approchèrent de moi à quarante pas, tout au plus, en poussant d'affreux cris qui me firent croire qu'elles se battaient. Comme elles ne s'approchaient point à bonne portée, j'essayai de les joindre, espérant que dans la fureur de la bataille, elles ne m'entendraient pas venir, et je m'a-vançai sans bruit, rampant sur les mains et sur les genoux. Malgré toutes mes précautions, je fis quelque bruit, et les deux animaux, prenant l'alarme, cessèrent de crier et s'enfuirent.

Quand vint le jour, je remontai le cours de la rivière pour reconnaître les pistes, et, à ma grande joie, j'aperçus, bien dessinées sur le sol, les empreintes de quatre lions. La fameuse bande, par moi vainement poursuivie depuis si longtemps, avait suivi les bords de de la rivière : son passage était marqué sur un parcours d'au moins une lieue.

Je revenais joyeux, et fredonnant une fanfare, lorsqu'au détour du sentier cotoyant les sinuosités de la rivière, je vis deux jeunes filles de douze à quatorze ans qui se baignaient en compagnie d'un Arabe, leur père.

Au moment où je passais près d'eux, tous trois sortirent de l'eau, nus, absolument nus, et s'étendirent sur le sable pour se sécher.

Impossible de prendre un détour; il me fallait suivre ma route, malgré mon hésitation aisément explicable. Je toussai, je me mouchai, pour avertir de ma présence, personne ne bougea. En m'apercevant près de lui, l'Arabe, sans se lever, me souhaita le bonjour et me demanda des nouvelles de mes chasses.

Je répondis que les nouvelles étaient bonnes, et que je venais d'acquérir la preuve certaine de la présence des lions dans ces parages. Pendant notre longue conversation, les deux jeunes filles, exposées aux rayons brûlants du soleil, ne manifestèrent pas le moindre embarras.

J'ai tenu à raconter cet incident parce que, à mon avis, il donne l'idée exacte des mœurs arabes.

Dans ce pays, la pudeur est feinte, je le puis déclarer, puisque j'ai été témoin d'un abandon si scandaleux.

Mais, il est temps de revenir à mes aventures de chasse au lion.

CHAPITRE NEUVIÈME

Une charogne. — Cent dix-huitième nuit d'affût. — Un coup
manqué. — Le lion noir. — Bonne chasse. — A la recherche du gibier. — Echange de coups de poing et de mauvais procédés. — Deux voleurs. — Encore un caïd. — Un
bureau arabe. — Justice.

La semaine suivante, je rentrais sous ma
tente aux premières lueurs du jour, lorsqu'un
colon du nom de Paufilet me vint prévenir du
voisinage d'un lion qui, à l'en croire, s'occupait à dévorer les restes d'un cheval mort que
l'on avait transporté à cent mètres du village.

— Oh ! répondis-je, il est parfaitement
inutile que je me dérange. Jules Gérard m'a
affirmé bien souvent que le lion ne mangeait
jamais la chair d'un animal qu'il n'a point
tué.

— Jules Gérard vous a dit tout ce qu'il a
oulu ; pour moi, je suis certain de ce que j'a-

vance. J'ai vu, de mes yeux vu, le lion mangeant, et je suis à peine remis de ma frayeur.

— Votre pour vous a empêché sans doute d'y voir clair, mon ami : vous aurez aperçu tout bonnement une hyène ou bien un chacal.

— Non, cent fois non : je ne me suis pas trompé.

— Allons. Pour vous faire plaisir et vous prouver votre erreur, je vous suis.

Dix minutes après cet entretien, nous étions près du cheval dont une partie du cou avait été mangée.

Je plaisantai d'abord Paufilet, lui soutenant qu'un lion ne se serait point contenté d'une si maigre pitance; mais, après m'être baissé, je cessai de railler : les pattes d'un lionceau avaient laissé leurs empreintes sur le sol.

Je m'excusai de bonne grâce et, le soir venu, je me postai près du cheval. C'était ma cent dix-huitième nuit d'affût.

Le lion ne tarda pas à se faire entendre dans le lointain et, traversant un ravin profond, se rapprocha de moi peu à peu.

Vers une heure et demie, les rugissements cessèrent et, presque au même moment, la lune se coucha. Je me trouvai alors dans une complète obscurité.

Prêtant attentivement l'oreille, je ne tardai pas à percevoir le bruit d'une puissante mâchoire en mouvement L'aventure de la fontaine des Kabyles me revint aussitôt à la mémoire : sans aucun doute, ce devait être un lion.

Malgré mon impatience, impossible d'ajuster avant la fin de la nuit. Il me fallait demeurer debout, et sans mouvement. Cette faction dura trois heures. J'éprouvais dans les jambes des fourmillements douloureux, la fatigue raidissait mes muscles ; le poids de mon corps me semblait écrasant.

Petit à petit, le ciel devint moins noir ; quelques lueurs parurent à l'horizon, éclairant les nuages et jetant sur le rideau sombre du ciel des teintes roses et blanches. C'était l'aurore.

Un à un, les arbres se découpèrent sur un fond encore invisible, et les objets qui m'entouraient devinrent presque distincts. Je vis alors une masse qui, dans la pénombre, ressemblait à un animal énorme étendu à terre.

Je crus avoir affaire au lion noir dont on

m'avait parlé et, supposant qu'il s'était couché pour digérer, après avoir achevé de dévorer le cheval, je l'ajustai en plein corps. Soudain, une forme grisâtre apparut au-dessus de la masse que je visais, et disparut au moment où j'allais presser la détente. Un instant après, grâce à la clarté croissante, je pus distinguer une jeune lionne qui, étendue derrière le cheval, continuait son repas, sans paraître s'inquiéter de ma présence.

Par moments, comme pour surveiller mes mouvements, elle levait la tête, puis la baissait aussitôt, se faisant un rempart de sa proie.

La rapidité de ses mouvements ne me permettait pas de la trouver au bout de ma carabine ; elle semblait prendre plaisir à ce manège.

Fatigué de ce jeu, l'idée me vint de siffler vigoureusement, espérant qu'au bruit elle se dresserait et me regarderait en face.

Mal m'en prit : d'un bond, elle sauta dans le taillis et disparut comme une ombre. Je fis feu *au jugé*, sans l'atteindre ; l'examen du sol et les traces de l'explosion de ma balle me le prouvèrent suffisamment.

La série de mes déboires allait-elle donc recommencer? Je regagnai mon campement, le cœur gros, en vérité, et m'adressant d'amers reproches. « Ah ! pensais-je, si j'avais attendu plus patiemment ; si je n'avais pas sifflé ! Je l'aurais tuée !

Volontiers, je me serais arraché les cheveux.

Toutefois, il me restait encore quelques chances de réussite, et je pris soin de me les ménager.

Je fis couvrir de branchages le cadavre à demi dévoré qui, depuis trois jours, exposé en plein air, exhalait une odeur pestilentielle et, le soir même, après m'être muni de mouchoirs trempés dans du vinaigre de toilette, je revins prendre place à côté de la charogne.

Baudelaire, lui-même, ne pourrait donner l'idée des odeurs qui se dégageaient de ce corps en putréfaction. Il me fallut, pour supporter ces miasmes, et résister aux nausées, à l'envie de vomir, plus d'énergie et plus de courage que pour affronter mille dangers ; et sans mon ardent désir, sans la passion dont j'étais animé, je me serais certainement enfui. Je devais être récompensé de ma persévérance.

Vers huit heures, la lionne commença à rugir faiblement dans le lointain; puis, elle se rapprocha de moi insensiblement et se tut. A minuit, n'entendant plus rien, je commençais à perdre espoir, quand tout à coup, dans une direction différente, éclatèrent d'autres rugissements ne ressemblant en rien aux premiers. Ils devaient être poussés par un grand lion.

J'attendis encore assez longtemps, et un bruit, assez semblable à celui que fait en courant un petit troupeau de bœufs, se fit entendre à peu de distance.

Bientôt, un jeune lion parut dans la clairière et s'avança vers les restes du cheval sans la moindre méfiance. La nuit était claire; je suivais tous ses mouvements.

Il se trouvait à six pas de mon embuscade, lorsqu'il commença à manger. Après l'avoir soigneusement ajusté, j'allais presser la détente, lorsque déboucha à son tour un lion gigantesque qui, à quatre pas de moi, s'arrêta en grognant.

Rapide comme la pensée, mon arme change de direction. Je vise à la tête, et ma balle atteint le but. Un rugissement effroyable répond à mon coup de feu, et l'animal tombe.

Il se roule par terre, se tord en proie à d'atroces souffrances ; il bondit, puis retombe, et finit par s'éloigner de quelques mètres, en brisant tout sur son passage. Alors, commence son agonie : il gémit presque comme une créature humaine. Tantôt il exhale des accents plaintifs, tantôt il rugit plein de colère, et sa voix terrible fait trembler le sol.

Trois nouveaux lions accourent à cet appel de mort, et, rugissant aussi, me font entendre le plus terrifiant des concerts.

Réveillés à ce bruit, les habitants de Barral accourent sur le mur d'enceinte afin d'écouter les derniers cris du lion noir qui pendant si longtemps, a été la terreur du pays.

Je n'en pouvais douter, c'était bien lui que j'avais frappé.

Tandis que l'énorme bête féroce se débattait dans son agonie, et que ses compagnons l'entouraient comme pour lui faire leurs adieux suprêmes, je demeurai sans crainte à ma place. Il me fallait conserver mon sang-froid et je n'éprouvai qu'une seule émotion : j'espérai un moment que les trois lions passeraient assez près de mon arme pour qu'il me fût possible d'en tirer deux. Ils vinrent bien à dix pas tout au plus, mais dans le fourré ; je ne pus les voir. Ils s'éloignèrent en grondant ; peu à peu, leurs cris se perdirent dans le lointain, la voix du blessé s'éteignit, elle aussi, et tout retomba dans un profond silence.

Je n'avais qu'un regret, celui de m'être trouvé dans l'impossibilité de tirer le petit lion arrivé le premier sur le champ de bataille : quand j'eus fait feu, d'un bond, il m'était passé sur la tête sans me laisser le temps de me détourner et de le viser. Avec un peu de chance, je faisais *coup double*.

Mais, je ne songeais point à accuser le destin. Demeuré impassible au milieu des fauves irrités, j'étais heureux et fier de ma victoire. Je mis la main sur mon cœur : il battait vite ; mais, c'était la joie et non la frayeur qui précipitait ses battements. Dans l'ivresse de mon triomphe, je crois, en vérité, que je me comparais tout bas aux héros de l'antiquité célèbres par leurs exploits, et j'aurais refusé tout l'or du monde si l'on m'eût proposé, en ce moment là, de l'échanger contre le lion mort de ma main.

Ah ! cette heure là me payait toutes mes peines, me faisait oublier toutes mes nuits sans
sommeil, mes fatigues, mes souffrances : elle
me récompensait largement. Ne suffit-il pas à
l'homme d'une minute de bonheur, pour ne
plus se souvenir de longues années de misère ?

Je m'acheminai d'un pas fier, le jarret tendu,
la tête haute, vers le village de Barral dont les
habitants vinrent au-devant de moi pour me
complimenter de ma victoire. Je crois me rappeler, — et je le dis bien bas, — que je m'éton-
nai qu'on n'eût point déjà dressé quelques arcs
de triomphe pour me recevoir.

Mais, il s'agissait de ne point se laisser voler de nouveau ; aussi, je repartis au point du
jour avec deux serviteurs conduisant une
charrette destinée à rapporter ma victime.

Nous trouvâmes du sang à l'endroit même
où j'avais tiré ; et, un peu plus loin, une véritable mare rouge. Néanmoins, cette fois encore, le lion était allé mourir dans un fourré
impénétrable. Nous nous épuisâmes en inutiles efforts pour y entrer.

Sur ces entrefaites, vint à passer un Arabe
conduisant le troupeau communal. Cet
homme m'offrit de longer les broussailles avec

ses bestiaux lesquels, avertis par leur odorat de la présence du fauve, s'arrêteraient lorsqu'ils passeraient près de son corps, et nous indiqueraient ainsi, d'une manière précise l'endroit où il gisait.

Le conseil était bon et la proposition excellente, mais il me fallait l'autorisation du maire de la commune : l'adjoint, en son absence, me l'accorda de fort bonne grâce.

Tout marchait à merveille, et j'allais, de la sorte, commencer mes recherches, quand survinrent deux jeunes colons à cheval. Ces cavaliers, armés de fusils, prétendirent m'empêcher de me servir du troupeau dans lequel se trouvaient, dirent-ils, des bêtes leur appartenant.

Fort de la permission de l'adjoint, je répondis que je passerais outre à cette défense ridicule, et ces messieurs ripostèrent par des menaces, me déclarant qu'au besoin, ils emploieraient la force.

C'en était trop. Je me trouvais dans le cas de légitime défense ; saisissant un des colons par la jambe, je le fis descendre de cheval et lui administrai une volée de coups de cravache tandis que son compagnon s'enfuyait au galop.

Je reconduisais mon homme, moitié riant moitié fâché, toujours frappant, quand trois colons vinrent s'interposer et m'affirmèrent qu'eux aussi, par tous les moyens, s'opposeraient à ce qu'on se servît du troupeau communal.

Le plus acharné était un cordonnier peu poli qui, dans la chaleur de la discussion, se permit, non pas de porter la main sur moi, mais de me tirer brutalement par le pan de ma veste.

Ma foi, un formidable coup de poing fut ma réponse, et le discoureur alla rouler à quelques pas sur la route. Mes agresseurs se sauvèrent: mais bientôt, ce fut une autre affaire. Une dizaine de femmes accoururent en criant et pleurant, m'accusant d'avoir tué le cordonnier qui, de fait, saignait du nez abondamment.

Elles m'entouraient, vomissant mille injures, m'accablant de malédictions, égrenant en mon honneur un chapelet de locutions dignes, en tout point, du vocabulaire de nos dames de la halle.

Je ne savais que devenir au milieu des ces harpies qui, les yeux hors de la tête, me montraient le poing, et voulaient me mettre en pièces. Les lions sont moins redoutables.

Je pris le parti d'en rire et remontai à cheval puis, aidé par mes hommes, je poussai le troupeau, sujet de la querelle, dans les taillis, devant nous. Nos recherches, qui durèrent jusqu'à la tombée de la nuit, n'amenèrent aucun résultat.

Le lendemain matin, je me rendis chez l'adjoint de la mairie de Barral et lui racontai la scène. Ce fonctionnaire approuva ma conduite et me félicita de n'avoir point essayé de tenir tête aux femmes des colons.

— Vous avez affaire, ajouta-t-il, à des gens jaloux et méchants. Le mieux est de rester calme et de ne répondre à aucune provocation. Mais, j'ai une grave nouvelle à vous apprendre. Dans la soirée d'hier, deux indigènes ont apporté une peau de lion chez l'Arabe, berger du troupeau communal ; ils ont couché dans sa maison, et sont partis, emportant ce trophée, ce matin même, dans la direction de Bone. J'ai été informé de ce fait trop tard pour prendre des mesures, et je crains que ces hommes ne vous aient volé la dépouille qui vous apppartient.

— N'en doutez pas, répliquai-je, au comble

de la fureur. Les gredins n'ont volé! Avisons sans retard. Que faut-il faire?

— Je vais envoyer chercher le berger, et nous l'interrogerons.

— Ne perdons pas une minute, je vous en conjure.

Quelques instants après, le gardien du troupeau comparut devant nous.

—Qu'as-tu fait? lui dit l'adjoint à brûle-pourpoint, en le regardant dans les yeux. Qu'est devenue la peau du lion tué par monsieur, et que deux des tiens ont portée hier soir dans ton gourbi? Réponds, et garde-toi de mentir, car il t'en coûterait cher.

— Moi! répondit l'Arabe feignant une profonde surprise et sans se laisser intimider. Je ne sais ce que tu veux dire: je n'ai rien vu.

— Tu t'obstines à ne pas avouer? A ton aise. J'ai déja envoyé à la poursuite de tes complices que l'on a sans doute rejoints à cette heure sur la route de Bone. Quant à toi, je vais te faire arrêter immédiatement.

— Oh! Tu ne ferais pas cela! Je suis père de famille; il faut que je travaille pour gagner ma vie et celle de mes enfants.

— Dis-nous donc la vérité. Si tu agis en

honnête homme, si tu avoues, non-seulement tu t'éviteras de graves ennuis, mais encore tu seras récompensé de ta franchise.

— Tiens, ajoutai-je, voilà cent francs : tu en auras autant quand je serai rentré en possession de mon bien. Seulement, hâte-toi, le temps presse.

Le berger contempla un moment les pièces d'or, les fit sauter dans sa main, se gratta la tête, réfléchit, puis, se tournant de mon côté, me dit sans lever les yeux et avec un profond soupir :

— Si tu me promets de n'avouer à personne que c'est moi qui ai dénoncé les voleurs, je te ferai retrouver la peau de ton lion.

— Tu as ma parole. Qui plus est, je m'engage, si j'obtiens satisfaction, à ne point laisser inquiéter ceux dont tu connais les noms.

— Eh bien, voici la chose : ton lion est allé mourir, après avoir traversé le fourré, à dix minutes, environ, de l'endroit où tu l'as tiré. Je n'en savais rien, et j'étais de bonne foi lorsque je t'ai proposé de t'aider à le chercher. Les Arabes dont il s'agit ont trouvé le corps près de leur douar; ils l'ont écorché et, après avoir emporté la peau, sont venus me demander l'hospitalité, craignant d'être dénoncés et de recevoir ta visite. Ce matin, avant le jour, ils sont partis, se rendant à Bone, afin de toucher la prime et de faire préparer la peau qui est destinée au caïd Tahar. Il te sera facile, maintenant, de les rejoindre.

— Je l'espère, répondis-je ; mais tu vas m'accompagner afin de me désigner les coupables.

— Allons ! répliqua-t-il en soupirant, puisqu'il le faut !

Nous montâmes aussitôt à cheval.

En arrivant à Bone, j'envoyai le berger aux informations et me rendis au bureau arabe.

Le lieutenant qui s'y trouvait, M. Bœrner, m'écouta avec la plus bienveillante attention, me rassura et me promit que justice me serait rendue. Il envoya sur le champ un exprès au caïd Tahar et, le soir même, l'Arabe que j'avais amené me prévint que celui-ci venait d'arriver à la ville, suivi des deux voleurs portant la dépouille.

En effet, je rencontrai sur la promenade le lieutenant causant avec un indigène. Il quitta son interlocuteur et vint à moi :

— Je m'entretenais avec le caïd Tahar, me dit-il. Soyez maintenant sans inquiétude et trouvez vous demain matin au bureau à sept heures. On vous restituera, séance tenante, ce qui est votre propriété.

Je n'avais plus rien à craindre et, cependant, je passai une nuit affreuse. Il me fut impossible de dormir. Je m'imaginais qu'une fois encore, j'allais être dupe des Arabes, victime de leurs ruses ; je les voyais s'enfuyant avec leur précieux fardeau, et il me semblait que le jour ne paraîtrait pas.

Dès quatre heures, je me promenais sur la place, attendant avec impatience le moment fixé pour le rendez-vous.

Vers six heures et demie, qu'on juge de mon émotion quand je vis passer près de moi quatre Arabes portant la dépouille qui m'avait été dérobée. J'eus d'abord envie de m'en emparer ; je me contentai de marcher sur leurs talons. Ils se détournèrent avec inquiétude, et l'expression de mon regard dut leur paraître terrible, car ils firent mine de s'enfuir. Mais il était trop tard : mes brigands se trouvaient en ce moment sur le seuil du bureau, et la sentinelle, prévenue, sans doute, leur barra le passage.

Quelques minutes plus tard, tous les acteurs .de la scène se trouvaient réunis.

Le lieutenant s'adressa au caïd :

— Où as-tu pris ce lion?

—Je l'ai acheté moyennant cinquante francs aux deux indigènes qui sont là.

— Bien. Où l'avez-vous tué, vous autres ?

— Dans les environs de Soukaras, répondit l'un d'eux.

— C'est faux. J'ai les preuves du contraire. Approche, ajouta M. Bœrner en s'adressant au gardien du troupeau communal de Barral, et répète la déposition que tu as déjà faite devant l'adjoint de ton village.

Celui-ci, baissant la tête, renouvela ses déclarations d'une voix tremblante.

Alors, les deux misérables se croyant perdus, n'osèrent plus nier et, se jetant à genoux, implorèrent la pitié de leur juge.

A ce moment, le caïd prit la parole :

— Que m'importe, dit-il, toutes ces histoires. J'ai payé cette peau, elle est devenue, ma légitime propriété, et je n'entends point m'en dessaisir.

A ces mots, je perdis patience. Sans attendre, sans réfléchir, je saisis cet effronté par son burnous, je le fis tourner sur lui-même et l'appliquai violemment contre la muraille. Sans l'intervention de l'officier, il eût passé un mauvais quart d'heure.

— Ah ! m'écriai-je, voilà une étrange audace ! Le lion est à moi ; je l'ai tué avec une des balles explosibles dont je suis l'inventeur et que personne ne possède. Il est aisé d'en voir les effets. J'ai visé au front.

Le lieutenant introduisit un doigt dans le trou fait par le projectile au-dessus de l'œil gauche. La tête n'avait pas été dépouillée et existait encore entière. Il constata, non sans surprise, les résultats de l'explosion de la balle dont les éclats avaient fracassé une partie du crâne, en retira quelques débris, puis ajouta, s'adressant à moi :

— Aucun doute n'est permis. Du reste, les coupables ont avoué. Le lion vous appartient. Cependant, si vous consentez, monsieur, quoique rien ne vous y oblige, à tenir compte de la réclamation du caïd, rendez-lui les cinquante francs qu'il a déboursés, et l'affaire sera terminée.

J'étais trop heureux de tenir enfin la peau de mon lion, pour hésiter un instant. Je m'exécutai donc et, fidèle à ma promesse, j'intervins en faveur des voleurs que l'officier voulait faire conduire en prison.

J'obtins leur grâce, et ils en furent quittes pour une sévère admonestation.

Après avoir remercié avec effusion M. Bœrner, je fis porter la peau chez un tanneur. Il était grand temps : un jour de plus, elle aurait été perdue.

Après avoir chassé quelque temps encore aux environs de Barral, je m'embarquai et revins en France, rapportant la dépouille du lion noir.

Je la possède encore : elle fait l'admiration de tous ceux qui la voient (1).

Je ne saurais mieux la décrire qu'en reproduisant l'article publié à ce sujet, le 22 mai 1866, par M. Godde, alors directeur du journal « *Le Jockey* ».

« La peau de ce lion, dit-il, diffère considé-
« rablement de celle des lions que nous som-
« mes habitués à voir dans nos ménageries.

_____

(1) Elle figure actuellement au palais algérien du Trocadéro, à l'Exposition universelle de 1878.

« Elle mesure 4 mètres 40 centimètres du
« bout du museau au bout de la queue. La
« crinière gris roux est zébrée d'une large
« zone noire partant de l'occiput et s'arrêtant
« aux épaules où elle forme la croix et se fond
« dans la fourrure épaisse qui garnit tout le
« flanc ; les reins et la croupe sont couverts
« d'un poil fauve et rasé ; la queue se termine
« par un large pinceau noir ; les oreilles sont
« longues et velues : l'ensemble de cet im-
« mense trophée est des plus imposants.

« Nous avons curieusement examiné la tête
« disséquée de l'animal. La mâchoire est
« d'une incroyable puissance ; les crocs longs
« de 6 à 7 centimètres, semblent en ivoire
« bruni : c'est la plus effroyable tenaille que
« l'on puisse imaginer.

« La tempe gauche est percée d'un trou
« rond qu'a fait la balle avant de faire explo-
« sion à l'intérieur. Telle est la puissance de
« l'ossature, que le crâne s'est fondu sans
« éclater. La cervelle, qui n'occupe qu'une
« place très-petite, et se trouve tout à fait
« à l'arrière protégée par une boîte osseuse
« qui défierait le marteau, n'a pas été at-
« teinte ; cependant l'animal a nécessairement

« succombé à une hémorragie cérébrale.
« D'après les calculs du chasseur, l'ani-
« mal, tombé une première fois à 20 mètres,
« a dû marcher encore 600 mètres environ
« avant sa dernière chute. Dans la crainte
« d'abîmer la peau, M. Pertuiset n'avait
« chargé sa balle explosible qu'à une très-
« faible dose ; il nous affirme qu'avec cette
« balle, à toute sa puissance, il aurait pu faire
« éclater la tête comme avec un obus.

« Un fait tout nouveau ressort de la dernière
« campagne de M. Pertuiset, c'est que le lion
« donne aux bêtes mortes, comme le chacal et
« la hyène. Le cheval qui a servi d'appât était
« mort depuis plusieurs jours, et se trouvait
« dans un tel état de décomposition, que le
« chasseur pouvait à peine supporter l'odeur
« infecte, placé comme il était, sous le vent.
« Non-seulement ce lion est venu au carnage,
« mais encore une lionne et ses lionceaux.
« Ainsi les théories du premier chasseur de
« lions tombent peu à peu devant l'inexorable
« vérité ; la poésie se fait prose : le roi des
« animaux n'est qu'un mangeur de charogne.
« Il n'est plus même permis de croire à la
« grandeur des bêtes. »

Ainsi que je l'ai promis, je joins à mon récit toutes les pièces justificatives, et l'on trouvera à la fin de ce volume le certificat du bureau arabe constatant que j'ai touché la prime accordée par l'État à tous ceux qui tuent un lion en Algérie.

Mais cette peau de lion devait avoir d'autres aventures plus plaisantes. Celle que je vais raconter est, je crois, intéressante. Quelques années plus tard, le comité d'artillerie de Paris fit expérimenter mes balles explosibles et, malgré des rapports très-favorables, aucune solution n'était donnée à cette affaire. En vain, j'usais de tous les moyens, et mettais en jeu toutes les influences, je ne parvenais à obtenir que des réponses évasives. J'espérais que le ministère de la guerre se rendrait acquéreur du monopole de l'invention; je comptais, du moins, qu'on me ferait une commande importante, puisqu'il était bien prouvé, par des essais maintes fois répétés, que mon invention était précieuse. Mais les jours succédaient aux jours, les expériences aux expériences, et je n'entendais parler de rien de sérieux, ce qui me désespérait. J'avais fait des frais considérables pour méner à bien mon entreprise et (je n'éprouve nulle honte à le confesser) le besoin des rentrées commençait à se faire impérieusement sentir. Ma situation, à ce moment, menaçait de devenir critique.

Un matin que, songeant à mon infortune, je me promenais rêveur à travers ma chambre, mes yeux se portèrent sur la dépouille de mon lion noir. Aussitôt, une idée ingénieuse jaillit dans mon cerveau : je me frappai le front, et comme Archimède sortant de son bain, je m'écriai, non pas « j'ai trouvé, » mais, « je suis sauvé ! »

Mon projet était simple et mon moyen infaillible. Comment ne m'en étais-je pas avisé plus tôt ? J'allais offrir la peau du lion à l'Empereur ; il l'accepterait, sans nul doute : je mériterais, de la sorte, son attention, sa bienveillance, sa reconnaissance, même, et mes affaires marcheraient ensuite comme sur des roulettes. Fallait-il être simple pour n'avoir pas songé à cela une année auparavant !

Me voilà aussitôt en campagne, Je consulte plusieurs grands personnages de l'entourage de Napoléon III ; tout le monde approuve mon plan, et j'adresse immédiatement ma demande sollicitant l'autorisation de faire agréer mon présent par le prince impérial.

Il importait, en effet, de remplir cette formalité. Un des grands salons desTuileries était constamment rempli d'objets d'art soumis à l'appréciation du monarque ; peintres, sculpteurs, envoyaient là leurs œuvres, avec l'unique désir de les faire accepter ; peut-être aussi avec quelque arrière-pensée, ainsi que moi.

J'obtins la faveur d'exposer mon lion et, pendant une semaine, je ne dormis point, je fis des rêves. Ah! les beaux rêves! Je me voyais déjà fournisseur, seul fournisseur des munitions destinées aux armées de terre et de mer ; on remportait, à l'aide de mes projectiles, les plus étonnantes victoires; on me portait en triomphe : que sais-je? je n'eus jamais tant d'imagination.

Au bout d'une semaine qui me parut démesurément longue, je fus informé que l'Empereur, l'Impératrice et le Prince Impérial avaient longuement admiré la dépouille ; que celui-ci, s'était, à diverses reprises, roulé sur cette peau soyeuse, et que son père la lui avait promise.

Victoire! Sans perdre une minute, certain,

désormais, de l'appui du monarque, j'écrivis au ministre de la guerre, et aussi au général Lebœuf, alors président du comité d'artillerie, une lettre courte, mais significative, dans laquelle j'invitais chacun de ces messieurs à en finir avec moi dans les quarante-huit heures, les mettant en demeure de se prononcer d'une manière définitive, et leur déclarant que, passé ce délai, je romprais avec la France et partirais pour la Russie où j'étais attendu non sans impatience.

Oh! cette fois, la réponse à mes deux lettres ne se fit pas attendre. Le jour même, à six heures du soir, le ministre m'expédiait une missive presque aussi laconique que la mienne, m'informant qu'en raison de la lettre à lui adressée et de celle à lui communiquée par le président du comité d'artillerie, ordre avait été donné de suspendre immédiatement les expériences qui se poursuivaient à Vin-cennes.

Toutes mes espérances s'envolaient du coup; je me comparais tout à l'heure à Archimède, c'est à Perrette que je ressemblais maintenant. La foudre tombant à mes pieds, m'eût moins terrifié que cette nouvelle. Je lisais et relisais, croyant mal comprendre. Hélas! le doute ne pouvait être longtemps permis; tout espoir était désormais perdu. Je l'avais pris de trop haut, et je payais cher mon ton tranchant, mon « ultimatum ». J'avais trop vite vendu la peau du lion.

Ce sacrifice inutile m'irrita. Je tenais à mon lion plus qu'on ne saurait croire, et je ne m'en étais séparé qu'avec regret. A quoi me servait désormais ce don fait, sinon à contre-cœur, du moins dans l'unique espoir d'obtenir ce que j'espérais? J'étais victime d'une injustice et ne pouvais consentir à être dupe.

— On se moquera de moi, pensais-je.

Toute la nuit, je méditai sur mon aventure, maudissant le sort, déplorant ma maladresse.

Le matin, ma résolution fut prise. Dès sept heures, je me rendis aux Tuileries et me présentai au guichet de l'Échelle.

Le concierge qui, souvent, les jours précédents m'avait vu entrer, sachant que j'avais affaire à M. Félix, l'huissier du palais, me laissa passer sans difficulté.

Je me dirigeai vers le pavillon central où je trouvai cet employé qui vint à moi, le sourire sur les lèvres.

— Eh bien ! vous êtes content, me dit-il ; on vous a appris la bonne nouvelle : leurs Majestés ont accepté votre cadeau et l'ont trouvé splendide. Tous mes compliments.

— Oui, oui, répliquai-je, je suis très-satisfait ; seulement, je voudrais bien disposer convenablement la peau de mon lion, afin qu'elle fasse plus d'effet. La tête doit être placée un peu haut, appuyée sur un meuble.

— Cela est bien inutile, croyez-moi.

— Non ; laissez-moi faire. Je tiens beaucoup à cet arrangement.

— Agissez donc à votre guise.

Je ne me le fis pas répéter deux fois et, profitant de la permission, je gravis lestement l'escalier. A peine arrivé au salon, je courus droit à mon lion et le roulai de façon à pouvoir l'emporter.

Au moment où je le chargeais sur mes épaules, un haut fonctionnaire survint :

— Que faites-vous ? me demanda-t-il.

— Vous le voyez, je reprends mon bien.

— Et pourquoi ? Bon Dieu ! fit-il, au comble de la surprise.

— Vous imaginez-vous que je vais consentir plus longtemps à être mystifié ? On s'est assez moqué de moi avec mes expériences.

— Vous n'êtes pas raisonnable : c'est un malentendu ; tout s'arrangera.

— En attendant, ceci est ma propriété, et je le garde : arrivera ce qui pourra.

Mon interlocuteur me suivit dans l'escalier, s'efforçant de me retenir, insistant sur les conquences de cette action, multipliant les arguments, me suppliant, pour ainsi dire. Toutes ses objurgations furent inutiles ; rien ne pouvait calmer mon irritation. Je mis la fameuse dépouille dans un fiacre, et la rapportai triomphalement chez moi.

L'Empereur, en apprenant cela fut, paraît-il, très-irrité d'abord ; mais quand on lui eut raconté tous les détails de la scène, il prit le parti d'en rire.

A quelque temps de là, un général italien dont la bravoure est bien connue, et qui s'est particulièrement distingué au siége de Gaëte, vint me prévenir que S. A. R. monseigneur le comte d'Aquila désirait assister à une expérience de mes balles explosibles.

Je me mis immédiatement à sa disposition, et nous prîmes rendez-vous pour le lendemain à deux heures au tir de Léopold Bernard.

Je tirai plusieurs balles. A chaque coup, le général examinait avec la plus grande satisfaction les effets produits ; mais, à ma grande surprise, le comte d'Aquila semblait n'y prendre qu'un médiocre intérêt. Son attention était concentrée sur ma personne et, pendant toute la séance, ses yeux s'attachèrent sur moi avec une persistance inexplicable. Ses regards, toutefois, me semblaient bienveillants ; je le vis même sourire à diverses reprises.

Avant de s'éloigner, il m'adressa ses compliments et m'engagea à aller lui rendre visite dans son bel hôtel de l'avenue de l'Impératrice.

Je n'eus garde d'y manquer, mais je n'osai point l'interroger.

Quelques années après, me trouvant à Londres pendant la Commune, j'allai lui présenter mes hommages. Son Altesse m'accueillit avec une extrême courtoisie et me témoigna de telles marques de sympathie que je me hasardai à lui demander à brûle-pourpoint ce qui me valait cette bienveillance particulière.

Le comte se mit à rire et me répondit franchement :

— Eh bien! L'on m'a raconté de vous un trait qui me fait vous tenir en grande estime; vous êtes un homme d'une énergie rare.

—A quoi faites-vous allusion, monseigneur?

—Parbleu! A votre aventure des Tuileries. Je sais l'histoire de votre lion.

CHAPITRE DIXIEME

Les mœurs du lion. — Concert de nuit. — Le rugissement.
— Emotion du chasseur novice. — Conseils utiles. —
Carabines et revolvers, balles explosibles. — Différentes
espèces de lions. — Les lions farceurs. — Le gibier d'Algérie.

Le lecteur m'a suivi, pour ainsi dire pas à
pas, dans toutes mes pérégrinations, il a as-
sisté aux principales péripéties de mes chasses
au lion, et je lui raconterai tout à l'heure
des chasses d'un autre genre. En attendant,
je crois utile de tirer de ce qui précède, une
conclusion.

De même que les voyageurs doivent à tous
la narration fidèle de leurs expéditions et de
leurs découvertes ainsi, les chasseurs doivent à leurs frères, non-seulement le récit de
leurs aventures mais encore les conseils de
leur expérience.

J'ajoute que, à mon avis, lorqu'on a approché un animal tel que le lion, lorsqu'on l'a guetté pendant des mois entiers, il n'est pas permis de taire au public ce que l'on a vu, ce que l'on a observé.

C'est ordinairement au coucher du soleil, que le lion révèle sa présence par quelques grondements sourds et saccadés. Souvent, à cette heure-là, il se place en observation sur le haut d'un rocher d'où son regard suit attentivement le retour des troupeaux. Malheur aux traînards, gare aux bêtes qui s'égarent! Elles deviendront à coup sûr la proie de leur maître et seigneur.

Aux premiers accents de cette grande voix, si vous êtes un chasseur vaillant, acheminez-vous vers l'endroit où elle retentit, et placez-vous au bord du sentier où vous croyez qu'il passera.

Peu à peu, l'ombre couvre la terre et, petit à petit, s'organise un étrange, un diabolique concert. Les instruments, ou plutôt les voix, semblent d'abord vouloir se mettre d'accord. Après quelques instants de prélude, les duos commencent, puis les trios, les quatuors. Les chacals jappent, les hyènes hurlent, les chiens aboient, les oiseaux de nuit mêlent leurs cris aux chants monotones des Arabes.

Au matin, quand paraît l'aurore, ce sont de frais gazouillements, de gaies chansons, et d'amoureux refrains qui saluent le lever du jour. Amour, bonheur, espérance : voilà ce que chantent, ce que disent, en s'éveillant, les hôtes aimables des bois, ceux qui dorment quand il fait sombre.

Le soir, au contraire, de farouches cris de joie, d'horribles accords, célèbrent le retour de l'ombre, à l'abri de laquelle s'accomplissent les forfaits. Les carnassiers sortent de leurs repaires et se glissent hors de leurs tanières : lâchement, par derrière, ils vont fondre sur leur proie. L'heure du carnage vient de sonner, et les bêtes féroces se réjouissent tout haut ; elles vont se repaître, elles régnent !

Tout à coup, le rugissement du lion retentit, le maître parle, le roi annonce sa venue, et tout se tait comme par enchantement. Les quadrupèdes, saisis de terreur, s'enfuient dans toute les directions ; les hiboux frémisssent et se cachent silencieux dans le feuillage ; dans les douars, les chevaux entravés, se serrent en tremblant les uns contre les autres, et les Arabes allument de grands feux pour tenir à distance le redoutable visiteur.

Lorsqu'il ne sera plus qu'à deux ou trois cents mètres de vous, sa voix aura de tels accents, que vous pourrez la comparer aux grondements de la foudre et que vous croirez, même, sentir le sol trembler sous vos pieds. Si brave que vous soyez, vous ne pourrez alors vous empêcher de tressaillir. Mais si, n'imitant point la plupart de ceux qui ont tenté l'aventure, vous ne vous enfuyez pas, si vous demeurez à votre poste, votre courage sera soumis à d'autres épreuves.

Le lion va venir près de vous, il rugira plus fort. Vous aurez alors conscience du danger, et il vous faudra une véritable puissance de volonté, une indomptable énergie pour ne point reculer. Mille sentiments divers s'agiteront en vous : la crainte, le désir de sortir victorieux d'une lutte dangereuse, le souvenir de tous ceux qui vous sont chers et que vous ne reverrez peut-être jamais.

Cependant, vous préférez vous exposer à

une mort glorieuse et ne point lâcher pied. Le lion paraît; ignorant le péril, ou dédaignant d'y prendre garde, il s'avance, la tête haute, noble, majestueux; il passe près de vous calme, grave, secouant sa crinière, méprisant toutes précautions et ne prenant point garde à votre présence.

Tel qu'un brigand qui guette le voyageur au coin d'un bois, vous l'ajustez : votre doigt va presser la détente.... Pourquoi donc ne tirez-vous pas? Craignez-vous de commettre un crime en assassinant le roi des animaux? Sa majesté vous intimide-t-elle?... Oui, peut-être; vous éprouvez malgré vous, et par un effet, pour ainsi dire magnétique, une sorte de respect pour cette superbe personnification de la force, de la puissance; mais vous redoutez surtout les suites de votre attaque : le lion, s'il n'est que blessé, va devenir terrible. Il suffit d'un mouvement de l'index pour le frapper en plein corps, et votre main demeure inerte : vous n'osez pas. Peu d'hommes osent, en effet, et, courte est la liste des chasseurs de lions; trop courte, à mon avis.

De semblables émotions me paraissent de

nature à tenter les cœurs généreux et hardis ; et je voudrais voir des jeunes gens vigoureux, intrépides, se mesurer plus souvent avec les fauves de l'Algérie. Non-seulement, s'ils étaient nombreux, ils parviendraient, en peu de temps, à débarrasser la colonie des bêtes féroces dont la présence coûte si cher aux colons et aux Arabes dont ils déciment les troupeaux, mais encore, ils reviendraient de cette chasse, plus résolus, plus fermes et capables d'envisager, désormais, sans sourciller, n'importe quel danger. En effet, de pareilles épreuves, trempent l'âme d'un homme et développent en lui des qualités exceptionnelles, telles que la patience, le sang-froid, l'énergie et le courage.

Il faut, chaque jour, affronter de nouveaux périls, lutter de ruse avec les indigènes, se priver de sommeil et de nourriture, supporter les intempéries d'une saison pluvieuse. Et compte-t-on pour rien les émotions éprouvées, les alertes perpétuelles, les incidents dramatiques, les joies et les enivrements de la victoire? Celui-là seul qui a entendu de près le rugissement du lion et qui s'est mesuré avec lui, peut se vanter d'avoir éprouvé

des angoisses terribles et des joies indescrip-
tibles.

Il me reste à donner quelques conseils
utiles, fruit de mon expérience.

Je n'ai plus à insister sur le soin avec lequel on doit examiner et suivre les traces de
l'animal ; sur la manière dont on se placera à
l'affût, et j'ai dit que, pour moi, il était souvent
préférable d'attendre son ennemi à découvert.
De la sorte, il est vrai, on n'est plus protégé par
rien ; mais, en revanche, les mouvements sont
libres. Et puis, quel bonheur de pouvoir examiner à son aise un lion dans toute sa
majesté ! La nuit il vous apparaît vaguement
éclairé par les rayons de la lune ; vous ne dis-
tinguez qu'une masse confuse au-dessus de
laquelle brillent deux yeux flamboyants. Le
jour, au contraire, aucun détail, aucune ligne
n'échappe à vos regards. Vous êtes en face de
celui que vous voulez frapper. Ce n'est plus
un guet-apens, c'est un duel à mort, duel
loyal, dans lequel les deux adversaires se me-
surent à la clarté du soleil, avec des chances
presque égales.

Il n'est pas nécessaire d'être un tireur ex-
ceptionnel puisque, la nuit, on fait feu,

généralement, à quatre, ou dix pas. Dans le cas où le lion est très-rapproché, il faut viser à la tête ; et si, au contraire, la distance qui vous en sépare est plus grande, ajuster toujours au défaut de l'épaule.

Je recommanderai seulement de ne point engager la lutte sans être armé d'une excellente carabine chargée avec mes balles explosibles. Ce projectible cause toujours la mort de l'animal qu'il atteint. Un seul fait prouvera son utilité.

Il y a quelques mois, un lion a été tué dans la province de Constantine, et le fourreur, acquéreur de la peau, a trouvé dans le corps de la bête quatorze balles, dont une de *chassepot*, qui paraissait avoir séjourné plusieurs années dans la mâchoire. Ainsi, la balle du chassepot, dont la portée est plus de 1500 mètres, et dont on s'était évidemment servi à une très-petite distance, n'avait pas eu la force de pénétrer dans l'intérieur de la tête ; l'on se souvient qu'une des miennes fracassa les os du crâne de mon lion noir.

Je ne saurais trop conseiller de se servir, en outre, d'un bon revolver du calibre de 12 millimètres, également chargé avec mes balles explosibles. C'est une arme sérieusement utile, indispensable, même, pour le cas d'une lutte corps à corps. Jules Gérard conseille, dans son livre, de se munir d'un poignard. Ce conseil est d'un effet pittoresque et dramatique pour les lecteurs, mais il ne peut vous rendre aucun service : je dirai plus, il est dangereux. Un lion furieux s'inquiète bien d'un poignard ! Sa force est telle que, d'un coup de patte, il arrête et foudroie un cheval ou un bœuf ; essayez donc de le tuer avec une lame d'acier, instrument inoffensif entre vos mains !

Étant donné, même, que vous possédiez une poigne assez solide pour vous en servir, vous seriez mis en pièces cent fois avant d'avoir pu agir.

Quand vous vous trouverez en présence du fauve, choisissez bien votre moment, ne vous pressez pas pour tirer. Vous pouvez être à peu près certain que, tant que vous n'aurez pas fait feu, vous ne serez pas attaqué. Après avoir été blessé, je le répète, le lion devient terrible pour l'homme. Il est arrivé parfois, qu'il a attaqué les habitants d'un douar ; mais il est hors de doute qu'il avait, dans ce cas, à se venger de quelques provocations. Quelquefois aussi, à l'époque du rut, il est très-redoutable.

Il en est de même de la panthère ; elle se dérobe au moindre bruit ; et une fois qu'on l'a frappée, il faut se méfier de sa fureur. Les cicatrices de Bombonnel « *le tueur de panthères* » l'ont suffisamment prouvé.

On n'ignore pas que la province de Constantine est la plus peuplée d'animaux féroces, et que les lions y sont encore nombreux actuellement. On y rencontre plusieurs espèces, dont les unes sont de couleur grise ou rousse, et les autres noire. Les lions roux parviennent à une plus grande grosseur que leur congénères, probablement parce que, vivant dans un pays de pâturages, ils atteignent tout leur développement grâce à l'abondante nourriture que leur fournissent les troupeaux.

Le lion gris est le plus rare et le moins dangereux.

Quant au lion noir, plus féroce qu'aucun autre, il se plaît au carnage. Sa fourrure est la plus estimée, et sa chasse la plus émouvante. C'est un de ceux-là que j'eus le bonheur de tuer en dernier lieu ; mais on a plus de chances de rencontrer des lions roux, et je tiens à rapporter quelques faits ayant trait à ses mœurs et qui m'ont été contés par des Arabes.

Cet animal est, paraît-il, d'un naturel assez gai. Il se plaît, parfois, à suivre l'homme sur les grandes routes. Il chemine devant le voyageur désagréablement surpris d'avoir un tel compagnon, disparaît un moment pour reparaître quelques minutes plus tard. Tantôt en avant, tantôt en arrière, il semble s'amuser beaucoup de la terreur qu'il inspire. Il pousse même la malice jusqu'à venir se frotter, comme un chien qui joue, le long du corps du malheureux piéton qu'il accompagne ainsi, parfois, durant des heures entières.

On a remarqué également la prédilection qu'il semble avoir pour les voitures publiques. De même que le requin suit ordinairement les navires, le lion escorte les diligences, au grand effroi des voyageurs, et surtout des chevaux que leur conducteur parvient à grand peine à maitriser.

Quelquefois, poussant encore plus loin la plaisanterie, il se couche en travers du chemin, de manière à barrer le passage.

Si quelque Arabe vient à passer, il se jette à ses genoux :

— Vois, lui dit-il, combien je suis maigre et

chétif. De gras moutons des bœufs bien nourris sont pour toi une agréable nourriture ; ma chair à moi, est coriace : tu n'en ferais qu'un mauvais repas. Aie pitié, seigneur lion, aie pitié !

La légende ajoute que le fauve semble rire ; que parfois, il fait mine d'écouter et que, touché par ces arguments pressants, il consent à disparaître en bondissant par-dessus la tête du pauvre diable qui le supplie.

En dehors de l'intérêt que présente la poursuite des animaux féroces, l'Algérie offre aux chasseurs une quantité considérable de gibier, et je m'étonne que les Français ne fassent point, dans cette colonie, qui jouit du plus agréable climat, des excursions cynégétiques plus fréquentes.

Maintenant que les plaines de la France sont dévastées par les braconniers, par les petits propriétaires qui, jaloux des grands, détruisent à plaisir le gibier, aujourd'hui que les gardes parviennent à grand'peine à conserver quelques compagnies de perdreaux et des lièvres trop rares, je suis surpris, dis-je, qu'on n'aille point dans la province de Constantine par exemple, passer quelques bonnes et fructueuses semaines. De Marseille à Philippeville, il y a trente heures de voyage, et vous ne regretterez point votre déplacement.

Installez-vous, je suppose, entre Jemmapes et Bone, dans les Gerbès, et procurez-vous un bon cheval. Achetez-le, il ne vous coûtera pas cher, vous rendra de grands services, et vous le revendrez aisément à votre départ. Moyennant une faible rétribution, vous trouverez facilement un colon pour vous servir de guide.

Le chasseur, suivi d'un bon chien d'arrêt, apercevra, à peine engagé dans la campagne, des myriades de perdrix rouges sillonnant le sol en courant devant lui. Le matin, elles ne se lèveront pas, et il pourra les tirer à terre en telle quantité qu'il le jugera à propos.

Si, voulant varier son plaisir, il cherche un autre gibier, de magnifiques palombes s'offriront fréquemment à ses coups ; des nuées de tourterelles, des lièvres seront là pour exercer on adresse et, à la fin de la journée, s'il ne rentre pas au logis avec un véritable chargement, c'est à sa maladresse, seule, qu'il lui faudra s'en prendre.

Je passe sous silence les nombreuses occasions qu'il aura, vraisemblablement, de tirer des porcs-épics, des chacals, quelquefois, même, une hyène endormie qui prendra la fuite à son approche.

Les sangliers foisonnent ; pour ma part, j'en ai compté plus de quatre cents dans une seule battue.

Etes-vous passionné pour la chasse au gibier d'eau ? Il y a, dans les Gerbès, des quantités innombrables de canards, de sarcelles, d'oies sauvages, de grues et d'échassiers de toute espèce. Allez vous placer à l'affût au bord d'un des nombreux étangs qui couvrent la contrée. Vous ne tarderez pas à voir arriver, de tous les points de l'horizon, des nuées de canards qui viendront s'abattre devant vous avec un bruit formidable. Tirez dans le tas, à plusieurs reprises et, le jour venu, comptez vos pièces abattues, vous serez stupéfait.

Le tir de la bécassine vous est-il familier ? Vous en trouverez également une incroyable quantité, comme aussi des bécasses, des pluviers gris et dorés, des vanneaux et des cailles.

Tirez toujours, et quand même : vous n'êtes pas en France, et vous n'avez pas besoin de ménager vos coups par crainte de dépeupler. Les seuls braconniers, ici, sont les chacals. Tirez donc le gibier, même au repos.

Je signale, à ce propos, une particularité : en Afrique, les perdrix perchent. Le soir, elles viennent s'abattre en foule dans les tamarins qui, d'ordinaire, avoisinent les cours d'eau. Venez tranquillement, aux premières lueurs de l'aube, vous placer sous les arbres, et regardez attentivement dans les branches ; vous les verrez pelotonnées les unes contre les autres, la tête sous l'aile.

Mais, ce ne sont là que les chasses amusantes. Lorsqu'une fois l'on s'est attaqué au lion, on n'a plus d'autre passion.

Je dois, je le répète, à mes nuits passées en Algérie, les joies les plus intenses, les émotions les plus poignantes.

Je ne m'en tiendrai pas, du reste, à une première expédition. Mes voyages en Amérique m'ont, pendant plusieurs années, contraint à ne point retourner en Afrique ; mais, l'année prochaine, en automne, je repartirai dans la province de Constantine. Que si de hardis compagnons désirent me suivre, je me ferai un plaisir de les guider, de les conseiller.

Seul ou non, je jure bien qu'avant de mourir, j'entendrai encore rugir les lions.

CHAPITRE ONZIEME

Voyage à Saint-Pétersbourg. — Une chasse impériale. — — L'ours et l'étiquette de la cour. — Un déjeuner sur la neige. — Une expérience en présence du Czar. — Le supplice de Tantale. — Mort d'un second ours. — Les pralines officielles.

Au mois de février 1868, je me trouvais à Saint-Pétersbourg, toujours occupé de mes expériences, de mes boulets et de mes balles explosibles, lorsque j'eus l'honneur d'être invité, par le Grand Veneur, à une chasse impériale.

Pour la première fois, s'offrait à moi l'occasion de chasser l'ours. Je raconterai succintement et fidèlement, suivant mon habitude, les péripéties de cette fête cynégétique à laquelle l'Empereur, le Czarowitch, le général

Totleben et une dizaine d'autres personnages devaient assister.

Je quittai la capitale de la Russie, la veille, et pris, avec le Grand Veneur et une partie du personnel de la maison de l'Empereur, un train duquel nous descendîmes à une distance d'environ 120 kilomètres.

Nous nous trouvions dans un grand village, et l'on me désigna l'auberge où je devais passer la nuit. Le directeur des chasses m'y fit apporter, suivant l'usage de la cour, deux bouteilles de vin de Bordeaux et me prévint qu'à six heures et demie, le lendemain matin, je devais me trouver, tout équipé, devant la poste aux chevaux, rendez-vous général.

Le Czar, le Grand Duc héritier et tous les invités, furent exacts à l'heure indiquée, et nous prîmes place dans des traîneaux.

Au bout de trois heures d'une course, pendant laquelle je crus que je n'arriverais point au but sans avoir les pieds complétement gelés, (il faisait un froid terrible, et je n'avais ni bottes fourrées, ni couvertures) nous fîmes halte au centre d'une forêt.

Trois cents paysans, tenant à la main de

longs bâtons, et conduits par les gardes-chasse de l'Empereur, armés de fusils, se trouvaient rassemblés dans ce carrefour. Ces derniers, avaient aux pieds, de larges raquettes, chaussure indispensable quand il faut marcher longtemps sur la neige.

Nous nous trouvions à peu de distance de la tanière de l'ours, laquelle, sur l'ordre du directeur des chasses, fut aussitôt entourée par un cordon de paysans placés à trois pas les uns des autres, et disposés en un long demi-cercle dont l'ouverture ménageait un passage à l'animal qui, de la sorte, se trouvait, une fois levé, dans l'obligation de se diriger vers les chasseurs.

L'Empereur et le Czarowitch se placèrent, à quelque distance l'un de l'autre, en face du passage ; derrière eux se tenaient deux chasseurs munis d'une longue pique et d'une carabine. En outre, le Grand Veneur était placé à la droite du Czar et le directeur des chasses près du grand duc héritier. Au second plan, se postèrent, en ligne, les invités, également protégés chacun par un garde.

Lorque les dispositions eurent été prises dans le plus grand silence ; et, une fois la manœuvre dirigée par signes, exécutée, une fusée donna le signal de l'attaque.

Aussitôt, éclatèrent dix coups de feu ; puis trente, puis cinquante, et les rabatteurs se mirent à pousser de bruyantes clameurs.

L'ours épouvanté, ne tarda pas à sortir de son repaire.

A la vue de tout ce monde, comprenant qu'il était cerné, il s'arrêta, hésitant, ne sachant de quel côté se diriger, et n'osant pas rebrousser chemin. Quelques gardes s'en approchèrent par derrière, et lui tirèrent presque à bout portant des coups de fusil à blanc.

L'animal reprit sa course dans la clairière et, par un détour, évitant l'Empereur, il vint aux chasseurs, se dirigeant droit sur moi.

Je le mis en joue, et j'allais presser la détente, lorsqu'un de mes compagnons, le prince Galitzine Bozorowski quittant précipitamment sa place, s'approcha de moi et me frappa sur l'épaule.

— Ne tirez pas, me dit-il à voix basse.

— Pourquoi donc ?

— Il est d'usage de ne pas faire feu avant Sa Majesté.

Désagréablement surpris, j'abaissai mon arme. Il fallut me contenter de regarder l'ours qui passa à quinze pas et qui, comprenant peut-être son devoir, et se conformant aux règles de l'étiquette, rebroussa chemin et s'en fut présenter le flanc au Czarowitch.

Celui-ci l'ajusta un moment, tira, et l'énorme bête roula sur le sol où elle se débattit quelques instants.

Personne ne quitta sa place; personne ne rompit le silence. Mais, bientôt, le cor se fit entendre et annonça la mort de l'ours.

Nous nous permîmes alors de féliciter respectueusement le héros de la chasse, et nous rejoignîmes les traîneaux qu'on avait emmenés un peu plus loin. A l'endroit où ils étaient rassemblés, un curieux et pittoresque spectacle s'offrit à nos regards.

Sur la neige, se dressait une table immense couverte des mets les plus recherchés, des vins les plus exquis. Une vaisselle éblouissante, des cristaux étincelants, et, tout autour, des domestiques en grande livrée.

On eût dit que, sur un coup de baguette de

fée, la table du palais impérial avait été transportée dans la forêt. Ce paysage d'hiver eût séduit un peintre : de grands arbres étendant vers le ciel leurs branches sans feuilles et couvertes de givre, un tapis de neige d'une incomparable blancheur sur lequel tranchait le ton sombre des costumes ; je n'oublierai jamais ce tableau.

Seulement, on avait négligé d'apporter des siéges : il fallait manger debout.

Je m'apprêtai cependant à faire honneur au repas, car j'étais affamé. Le Grand Veneur crut l'occasion bonne pour me présenter à l'Empereur qui m'accueillit, une côtelette à la main.

— Monsieur, me dit le souverain, de la façon la plus courtoise et la plus bienveillante, je serais heureux de juger de l'effet de vos balles explosibles. Voulez-vous me faire le plaisir d'en tirer quelques-unes devant moi?

On comprend que je m'empressai de satisfaire à ce désir. Les invités firent cercle autour de nous, et je logeai aussitôt une de mes balles dans un tronc d'arbre désigné à l'avance. Chacun fut émerveillé des effets produits par l'explosion.

L'Empereur, me montrant alors un gros sapin situé à environ cent cinquante mètres, m'engagea à l'ajuster. Je visai le sommet qu'atteignit la balle, et l'extrémité supérieure de l'arbre se fendit et vola en éclats.

Sa Majesté fut enchantée du résultat obtenu et me félicita vivement de ma découverte. Le Czarovitch et les personnes de la suite m'entourèrent pour me complimenter et m'interroger.

Je répondais de mon mieux à toutes les questions, mais non sans regarder d'un œil d'envie les mets qui, de minute en minute, devenaient plus rares sur la table.

Tantale ne dut pas souffrir plus que moi.

Le maréchal du palais du Grand Duc comprenant mon embarras, s'approcha de moi et me dit à demi-voix.

— Vous oubliez de manger. Hâtez-vous.

J'oubliais de manger! O ironie! Mais je ne songeais qu'à cela, monsieur le maréchal et, grâce à votre intervention, j'allais enfin pouvoir, à mon tour, apaiser ma faim, calmer mon estomac en révolte. Déjà, j'allongeais le bras pour saisir n'importe quoi, lorsque l'Empereur donna le signal du départ. C'était une seconde édition du fameux dîner de Sancho Pança.

Je fis contre fortune bon cœur. La chasse allait recommencer, et je n'étais pas homme à rester en arrière. Je serrai donc ma ceinture, et partis avec le cortége.

Nous nous arrêtâmes après avoir parcouru à peine deux kilomètres, auprès de la tanière d'un second ours. On prit, pour le lancer, les mêmes dispositions que précèdemment et, bientôt, il sortit de sa retraite. C'était un vieux solitaire d'une taille gigantesque. Il ne s'arrêta point ; mais, comprenant sans doute le sort qui lui était réservé, il décrivit de droite et de gauche deux ou trois crochets, cherchant une issue pour se dérober et essayant, même, de revenir sur ses pas.

Huit gardes marchèrent alors au devant de lui, de façon à barrer la route, à couper sa ligne de retraite, et tirèrent à poudre plusieurs coups de fusil.

L'animal se décida à se diriger de notre côté, et s'approcha si près de moi, à un moment, que, afin de ne pas désobéir à la consigne, je saisis ma carabine par les canons, bien décidé à l'assommer, ou du moins à ne point lui permettre de forcer le passage.

Mon geste l'effraya sans doute, car il changea de direction et vint passer à portée de l'Empereur, qui le tua raide avec une de mes balles explosibles.

On apporta l'animal aux pieds de Sa Majesté qui, après l'avoir examiné un moment, et regardé curieusement comment il avait été frappé, se tourna vers les invités, ouvrit une petite boîte, et offrit à chacun de nous une praline de chocolat que nous reçûmes en nous inclinant.

Cette cérémonie termine toujours les chasses impériales.

Nous rejoignîmes immédiatement les traîneaux qui nous ramenèrent à notre point de départ. Un train spécial était préparé, et, à dix heures et demie du soir, tout le monde était de retour à Saint-Pétersbourg.

On devine avec quel empressement je fis main basse, à mon hôtel, sur tous les vivres disponibles. Je croyais, en vérité, ne point parvenir à me rassasier.

En partant, le matin, je m'étais attendu, je

l'avoue, à d'autres émotions. Notre chasse n'offrit point grand intérêt, et si les choses se passaient toujours de la sorte, ce serait d'une désespérante monotonie. Le hasard ne m'avait pas favorisé car, souvent, ces expéditions sont fécondes en péripéties dramatiques.

Mes lecteurs n'ignorent peut-être pas qu'un jour, l'empereur Alexandre II tira un ours et ne fit que le blesser. L'animal furieux se précipita tête basse sur le chasseur qui dut son salut à son sang-froid, et fut assez heureux pour s'en débarrasser en lui tirant, à bout portant, un coup de carabine dans l'oreille. Un faux mouvement, trop de précipitation, et l'Empereur était perdu. Sa Majesté est un amateur passionné de la chasse à l'ours, et son adresse, jointe au courage dont Elle a souvent fait preuve, ont mérité à Alexandre II la juste réputation d'un des meilleurs chasseurs de notre époque.

CHAPITRE DOUZIEME

Les premières balles Devisme. — Expériences en Suisse. — Perfectionnements. — Essais à Vincennes. — Séjour à la Haye. — Le général Happé. — Inquiétude de mon maître-d'hôtel. — Mon atelier de pyrotechnie à Saint-Pétersbourg. — L'empereur d'Autriche au champ de tir de Vienne. — Un tassement dangereux. — Résultats obtenus sur des plaques de blindages. — Voyage en Italie. — La police de Paris. — Entrevue avec M. Pietri. — Ma poudrière de voyage. — Incidents à Mourmelon. — Imprudence de deux artilleurs.

Je me servais, pour mes premières chasses, des balles explosibles de Devisme ; mais je n'avais pas tardé à m'apercevoir qu'elles ne répondaient point à mon attente.

Pendant mon séjour à Jemmapes, des entrepreneurs travaillant à la route de Philippeville, me proposèrent de tirer sur une vache destinée à être abattue. Je lui envoyai un de ces projectiles dans le flanc: elle ne tomba pas et, qui plus est, continua de brouter pendant plus d'un quart d'heure. La visant alors à la tête, je la tuai raide.

Il m'était donc prouvé que les balles de Devisme, quand elles pénètrent dans les parties molles d'un animal, n'éclatent pas. On se rappellera que mon lion, après avoir été frappé d'une balle de ce système, était allé mourir à plus de quatre mille mètres de là.

Dès mon retour, ma première préoccupation fut de trouver une balle meilleure. Pour cela, je m'adressai d'abord à un armurier suisse très-habile nommé Jaquet, avec lequel je fis plusieurs expériences. Le fulminate dont nous nous servions était d'un usage dangereux, aussi provoqua-t-il une explosion dans l'arme. Heureusement le canon était un Léopold Bernard ; sans cela, l'armurier qui tirait eût été tué, ou tout au moins grièvement blessé.

Je proposai alors à Devisme de s'associer à moi pour la confection d'une balle différente de la première et réunissant les qualités suivantes : plus d'amorces, augmentation de la force d'explosion, éclatement du projectile rencontrant indistinctement un corps dur ou un corps mou.

Nous eûmes à ce sujet plusieurs entrevues ; mais Devisme hésitait ; à la fin, il m'écrivit et refusa mes offres. La lettre, que l'on trouvera aux pièces justificatives témoigne que, le premier, j'eus l'idée de faire la balle explosible qui porte aujourd'hui mon nom.

Un ancien contre-maître de Devisme, Jacques Henseler, ouvrier des plus experts en son art, eut connaissance de mes projets et vint se mettre à ma disposition. Dès le lendemain, nous nous mîmes à l'œuvre et nous fîmes chaque jour, pendant deux mois, des essais au tir de Léopold Bernard.

Nos travaux furent couronnés de succès. A force de tâtonnements, nous finîmes par découvrir la balle répondant à nos désirs.

C'est de cette balle que je me suis servi pour ma seconde saison de chasse, et l'on en connaît les résultats. Au reste des essais ne tardèrent pas à être faits à Vincennes par ordre du ministère de la guerre ; puis, dans la plupart des États du vieux et du nouveau monde.

Je ne fatiguerai point le lecteur de détails techniques, et n'entreprendrai pas ici un cours de pyrotechnie : je rapporterai seulement quelques anecdotes assez curieuses, ainsi que les aventures les plus intéressantes qui me sont arrivées dans le cours de mes pérégrinations.

Pendant mon séjour à la Haye, j'étais logé à l'hôtel du vieux Dollen. Un soir, vers neuf heures, je m'occupais à charger des balles destinées à mes expériences. Un grand saladier rempli de ma poudre était placé au milieu de la table : trois bougies disposées tout autour, m'éclairaient.

Soudain, l'on frappa, et le général Happé, inspecteur en chef de l'armée, entra dans ma chambre. Il prit place sur un fauteuil, à côté de moi, et parut d'abord s'intéresser vivement à mon opération. Bientôt, remarquant que je puisais dans le saladier la matière introduite par l'évidement de la balle :

— Que mettez-vous donc là dedans ? me demanda-t-il.

— De la poudre, mon général.

Il se leva précipitamment, et reculant de trois pas.

— Comment ! s'écria-t-il, tout cela !

— Sans doute.

— Grand Dieu ! Quelle imprudence !

Et se précipitant vers la porte, il disparut

dans l'escalier qu'il descendit quatre à quatre sans qu'il me fût possible de le retenir.

J'avais repris mon travail lorsque, quelques minutes plus tard, un bruit confus, une rumeur étrange vint frapper mes oreilles. C'étaient des portes qui s'ouvraient et se fermaient, des conciliabules, des pas, des colloques animés. L'explication de ce remue-ménage ne se fit pas longtemps attendre.

On heurta à ma porte, et le maître d'hôtel parut.

— Monsieur, me dit-il d'une voix émue, mes locataires craignant que vous ne fassiez sauter la maison, désertent en foule mon établissement. Il ne m'en restera bientôt plus un seul, si vous ne consentez à vous retirer. Je suis convaincu que vous ne voulez point ma ruine et que vous comprendrez mon embaras.

Je le rassurai et lui promis de quitter son hôtel, non le soir même, ce qu'il eût désiré, mais le lendemain. Je lui tins religieusement parole et m'installai ailleurs.

A Saint-Pétersbourg, j'habitais l'hôtel Klée et, suivant mon habitude, ma chambre me servait d'atelier. Le comité d'artillerie, chose curieuse à noter, connaissait ce détail, et m'envoyait à domicile des obus de quatre, vides, que je chargeais avec ma poudre.

Un matin, un fourgon vint chercher les projectiles que je me mis en mesure de descendre à l'aide de deux artilleurs. Un de ces soldats laissa maladroitement tomber sur les degrés de l'escalier un obus qui, dégringolant de marche en marche, s'en fut rouler dans la salle du rez-de-chaussée vers le feu qui brûlait dans une vaste cheminée.

A cette vue, les artilleurs jetèrent un cri et voulurent s'enfuir.

Malgré l'imminense du péril, d'un mot je les rassurai et ramassai l'obus qui, déjà, touchait la flamme : une seconde peut-être, et il n'était plus temps.

J'avais été mandé à Vienne par le gouvernement autrichien. Un jour, après deux mois d'expériences, l'on vint me prévenir que des essais seraient faits le lendemain avec mes balles, en présence de l'Empereur, sur des caissons remplis d'obus chargés et munis de leurs mèches.

Le moment venu, non-seulement le souverain, mais encore les deux archiducs Albert et Guillaume, le ministre de la guerre et plus de 400 officiers de toutes armes, étaient réunis au polygone.

On se servit d'une mitrailleuse Gatling. Au second coup, à quinze cents mètres, l'une de mes balles atteignit le centre du caisson et communiqua le feu aux projectiles. L'effet fut terrifiant. Plus de cinquante obus éclatèrent simultanément avec un fracas formidable ; le fourgon vola en mille morceaux et tout disparut dans un véritable ouragan de fer et de feu.

L'Empereur, malgré sa grande bravoure, demanda son cheval et partit sans rien dire à personne. L'archiduc Albert, dont tout le monde apprécie les éminentes qualités, s'approcha de moi et m'adressa les plus vives félicitations.

A quelque temps de là, la comité, très-satisfait des expériences et, n'attendant, pour m'acheter le droit de fabriquer mes balles, que la décision du congrès de Saint-Pétersbourg, m'ordonna de faire une assez grande quantité de poudre.

On devait en remplir un caisson destiné à

être enfoui en terre, afin de constater qu'après un long séjour dans le sol, elle ne perdait aucune de ses qualités.

Deux jours plus tard, je me rendis au comité. La commission était au complet. Comme il était nécessaire de bien tasser la poudre, dans la caisse, je commençai par la presser fortement afin d'en mettre la plus grande quantité possible.

L'opération terminée, j'allais abattre le couvercle, quand un des officiers présents, dont les exigences et les tracasseries m'avaient souvent importuné, me fit observer que si j'avais appuyé davantage, il en serait entré plus encore.

Impatienté de ces observations, je sautai tout à coup, à pieds joints, sur une large planche qui, après m'avoir servi pour le tassement, reposait encore sur l'amas de poudre.

On juge de l'imprudence : le moindre frottement pouvant suffire, en effet, à déterminer une explosion qui nous aurait tous pulvérisés.

Par bonheur, il n'en fut rien ; mais les officiers qui m'entouraient s'écartèrent aussi rapidement, et avec autant d'épouvante que si la caisse eût sauté. Ils me blamèrent tous de ce mouvement irréfléchi, et je profitai de l'occasion pour leur dire que s'il était arrivé un malheur, toute la responsabilité en serait retombée sur l'officier qui m'avait poussé à bout.

A quelque temps de là, l'amiral Teghetoff, le vainqueur de Lissa, alors ministre de la marine, m'envoya à Pola pour y faire des expériences avec ma poudre. On se servit de canons Krupp, du calibre de 8 pouces, avec lesquels on tira sur des plaques de blindage d'une épaisseur de six pouces, et l'on obtint des résultats inconnus jusqu'à ce jour.

Je me plais à rappeler à ce propos les bons offices de l'amiral, dont la bienveillance était extrême ; celle de tous les officiers supérieurs de terre et de mer avec lesquels je me suis trouvé en relations, ne l'était pas moins.

En Italie, la vénerie royale, qui servait de champ de tir pour l'artillerie, fut le théatre de mes expériences. On résolut, en dernier lieu, d'éprouver le degré d'inflammabilité de ma poudre avec laquelle on peut charger un obus sans en fermer l'orifice, puis, mettre le feu sans déterminer d'explosion.

Les résultats furent conformes à mes affirmations et, déjà, plusieurs projectiles avaient été essayés dans des puits, lorsque, la commission satisfaite, voulut tenter une dernière épreuve. Elle était convaincue qu'on pouvait, sans le moindre danger, mettre le feu au projectile et rester auprès. Ordre fut donc donné à un artilleur d'introduire une moitié de charge dans un obus de 12, et d'y adapter une longue mèche. L'officier qui surveillait l'opération voulut faire placer cet obus à l'orifice du puits et rester à côté avec tous les membres de la commission, afin de le regarder fuser. Comme je ne l'avais point chargé moi-même, je fis observer au président qu'un accident pourrait être à craindre et qu'il serait prudent de le placer derrière une butte de terre.

— A quoi bon, puisqu'il n'y a pas de danger? me répondit-il.

J'insistai et obtins à grand'peine qu'on prît cette mesure de prévoyance. Ma précaution ne fut point inutile. A peine eut-on mis le feu à la mèche, qu'une épouvantable explosion retentit, et les éclats de l'obus furent projetés dans toutes les directions.

— Eh bien! dis-je au président, si vous ne

m'eussiez pas écouté, nous étions perdus.

— En effet; mais quelle est la cause de cette explosion ?

— Elle n'a rien que de très-naturel. L'artilleur a mis une mèche dix fois trop longue dans le projectile dont l'orifice s'est trouvé obstrué presque complétement. Maintenant, pour vous donner la preuve de ce que j'avance, laissez-m'en charger un autre, et je resterai seul auprès tandis qu'on y mettra le feu.

On voulut en vain s'opposer à cette expérience; mais je tins bon et me plaçai à deux pas de l'obus chargé par moi; on l'alluma et il fusa seulement. Aucun doute ne pouvait, dès lors, subsister dans l'esprit de personne.

Quelques mois plus tard, de retour à Paris, je reçus l'ordre de me rendre à Châlons pour expérimenter mes boulets explosibles, sans fusées (1).

(1) Importante découverte puisque, jusqu'à ce moment, les boulets, pour éclater, devaient être munis d'une fusée *à temps* ou percutante. En outre je proposais à la marine de prouver que j'avais trouvé le moyen de retarder à volonté l'explosion d'un projectile. Maintes fois, depuis, j'eus occasion de fournir la preuve de ce que j'avançais, et je suis certain de pouvoir retarder l'éclatement d'un obus ayant traversé par exemple la plaque d'un navire cuirassé, jusqu'au moment où il a pénétré dans la cale.

14

Le général Lebœuf délégua un de ses aides de camp pour m'accompagner mais ne voulut point se charger du transport de la poudre.

Avant mon départ, il m'arriva une histoire assez singulière, et que je tiens à rapporter en peu de mots.

J'avais commandé quelques obus vides, de deux modèles différents, dans deux maisons situées, l'une rue de Turin, l'autre aux Batignolles. Ceci se passait quinze jours, environ, avant la fête du 15 août.

Les fabricants s'étaient engagés à couler les projectiles en moins d'une semaine. Le délai expiré, je me rendis rue de Turin. Près de la porte de la fabrique, se tenaient debout deux hommes d'allure suspecte, qui me semblèrent se faire signe au moment où je descendis de voiture. J'entrai sans y prendre garde. Mes obus n'étaient pas prêts ; du moins, on me l'affirma. Toutefois, on avait coulé un spécimen qu'il me fut loisible d'emporter.

Je le plaçai à côté de moi, sur le coussin de mon fiacre découvert ; les deux hommes ne perdaient aucun de mes mouvements. L'idée me vint de tourner la tête : quelle ne fut pas ma surprise! Les individus en question me suivaient en courant. Plus de doute, j'étais filé par des agents de police.

Je rentrai chez moi fort tranquillement, toujours escorté et me demandant, non sans rire, si l'on allait m'arrêter.

Le soir même, un personnage que je savais appartenir au service de la préfecture m'aborda sur le boulevard des Italiens.

— Ah! que je suis aise de vous rencontrer, me dit-il en me saluant poliment. J'ai un renseignement à vous demander.

— Parlez.

— Seriez-vous assez aimable pour me dire si, avec votre poudre, on peut charger des obus.

— Mais, certainement. J'affirme, même, qu'on y trouverait un grand avantage. La poudre ordinaire ne saurait produire des effets comparables à ceux de la mienne.

— En vérité!

— Que signifie cette question ?

— Rien. Votre invention m'intéresse, voilà tout.

— Mon invention ou autre chose.

— Je ne comprends pas.

Pour toute réponse, je montrai à l'agent la lettre du ministre de la guerre autorisant mes expériences.

— Puisqu'il en est ainsi, permettez-moi un conseil. Allez trouver, le plus vite possible, le préfet de police.

Le lendemain matin, à onze heures, j'étais dans le cabinet de M. Piétri qui, après mes explications, ne put s'empêcher de rire. Il m'avoua avec une entière bonne foi que mes démarches lui avaient causé les plus vives inquiétudes.

Avant de quitter la préfecture, j'eus l'occasion de voir dans une des salles le modèle en bois de l'obus que j'avais confié au fabricant de la rue de Turin.

Aussi, lorsque, quelques jours plus tard, celui-ci vint me livrer ma commande, je lui dis d'aller la porter à la préfecture en lui déclarant que je la lui laissais pour son compte.

Après m'être procuré ailleurs ce qui m'était nécessaire, je partis enfin pour Châlons.

Forcé d'emporter moi-même ma poudre, et ne voulant point la mettre aux bagages, j'en avais entassé la quantité nécessaire, c'est-à-dire une vingtaine de kilogrammes, dans un sac de voyage que je placai à côté de moi sur la banquette du wagon. Ce maudit sac me causa durant le trajet, les plus cruels soucis. En face de moi, se trouvait un monsieur grand causeur et grand fumeur.

A diverses reprises, dans la chaleur de la conversation, mon compagnon posa son cigare allumé sur ma valise. Il ne se contenta point de cela. Se trouvant mal à l'aise, il prit, après m'en avoir demandé la permission, mon sac sur lequel, sans cesser de fumer, il appuya sa tête.

L'avertir du danger, c'était m'exposer à des désagréments de toute sorte, à une forte amende sans doute. Ma foi, je me tus, me contentant de surveiller tous les mouvements de mon voisin, de veiller sur lui avec une touchante sollicitude, secouant sur le tapis la cendre du tabac qui, parfois, tombait sur le sac à poudre. Une étincelle! me disais-je, et le wagon saute.

Enfin, une voix cria: Châlons. Je m'emparai de mon bagage en poussant un profond soupir de soulagement et me précipitai dans le train qui conduit à Mourmelon.

Quelques heures plus tard, j'étais présenté

14.

par l'aide de camp au commandant chargé des fonctions de président de la commission de tir, lequel consentit à commencer les expériences dès le lendemain.

Après le second coup de canon, je priai cet officier de vouloir bien faire cesser le tir et remettre la séance au jour suivant. Les obus n'éclataient qu'au second ricochet; j'avais commis une erreur : il me fallait obtenir une explosion plus rapide.

On consentit de fort bonne grâce à ma demande, et l'on me désigna, pour mes manipulations, un vaste magasin contenant plusieurs barils de poudre et deux pièces de quatre Je m'installai aussitôt dans ce local. Il me fallait décharger quarante obus, et travailler ensuite à rendre ma poudre plus inflammable.

La première opération s'effectua assez rapidement : au fur et à mesure, j'entassais la poudre sur une grande table placée au milieu du magasin : mais la nuit me surprit avant que j'eusse terminé, et je dus envoyer un artilleur chercher des bougies à Mourmelon.

A mes côtés, se tenait un capitaliste intéressé à l'exploitation de mes brevets ; c'était un

père de famille ; aussi lui dis-je d'aller se coucher en lui recommandant de me rejoindre au
matin. Toute la nuit m'était nécessaire pour
terminer ma besogne, et j'aimais mieux rester
seul. Quelle que soit la poudre que l'on mani-
pule, un accident est toujours, sinon à craindre, du moins à prévoir.

Ce monsieur ne se fit pas répéter l'invitation et, quelques minutes après son départ, les
artilleurs revinrent avec les bougies que j'allu-
mai aussitôt. J'en plaçai quatre sur des obus
transformés en chandeliers ; puis je mis ces
flambeaux autour de mon tas de poudre.
A ce moment, ayant eu besoin d'un outil,
j'appelai les deux soldats ; mais ils avaient
jugé inutile de me tenir compagnie et s'étaient
esquivés sans crier gare.

Après avoir fait subir à ma poudre la pré-
paration nécessaire, je commençai à recharger
les obus. Une fois remplis, j'en fermais l'orifice au moyen d'un écrou en fer muni de trois
pas de vis que j'ajustais avec un vilbrequin.
C'était encore là une grave imprudence, car
ce frottement du fer contre le fer pouvait dégager une étincelle, et je me demande aujour-
d'hui comment il se fit qu'aucune explosion ne

se produisit. Une flammèche de bougie tombant sur la poudre, et l'on peut s'imaginer la catastrophe. En vérité, j'en frémis encore.

A cinq heures du matin, tout était prêt pour les nouvelles expériences et j'attendais qu'on vînt me chercher, lorsque je vis accourir à bride-abattue le président de la commission. Il était très-agité.

— Comment! s'écria-t-il en m'apercevant, vous avez préparé votre poudre avec des bougies allumées tout autour!

— Oui, mon commandant.

— Mais, malheureux, vous pouviez faire sauter le magasin.

— Je ne dis pas non. Seulement, permettez-moi de vous faire remarquer que si je m'exposais à faire sauter votre baraque, je risquais diablement de sauter avec.

Il eut de la peine à se calmer et, franchement sa colère était légitime. Je serais aujourd'hui moins étourdi.

Les essais se firent à dix heures, et donnèrent d'excellents résultats. On conserva trois obus qu'on devait tirer le lendemain dans des puits, de façon à permettre de calculer exactement le nombre des éclats. Je ne fis aucune objection et, le soir même, je quittai le camp après avoir prié un sous-officier de me faire connaître le résultat obtenu.

Quatre jours se passèrent sans nouvelles.

Le cinquième, je me rendis au comité d'artillerie. A ma vue, le colonel qui me reçut s'écria sans préambule :

— Ah, vous voilà, monsieur ! Vous venez sans doute savoir le nombre de vos victimes.

— Mes victimes !

— Vous ignorez donc qu'un de vos projectiles a tué deux artilleurs ?

— Cela est fort surprenant. Les trois obus laissés au camp devaient être allumés dans des puits.

— Quoi qu'il en soit, l'accident n'en est pas moins arrivé.

— Je le regrette profondément, monsieur, mais, sur mon honneur, je n'ai rien à me reprocher. Je suis téméraire pour mon propre compte, je le reconnais ; mais, du moins, j'ai acquis l'expérience qui manquait sans doute à ceux qui ont voulu voir ce qu'il y avait dans mes obus. Cette curiosité doit être cause de tout le mal.

Je me retirai, vivement impressionné par cette mauvaise nouvelle ; mais il était évident que si l'on s'était contenté de faire ce que l'on m'avait dit on n'aurait eu à déplorer aucun malheur.

LE TOMBEAU DU PROPHÈTE

Une rencontre, au café Riche. — Un dîner chez le négus d'Abyssinie. — Singulière proposition. — Le trésor du Prophète. — Le prince X... — Voyage en Egypte. — Un premier ministre. — Départ du Caire. — Epilogue.

J'arrivais d'Algérie ; il y a de cela maintenant douze ans, c'était en 1866 ; j'étais allé là-bas chasser le lion, et je déjeunais tranquillement au café Riche.

A la table voisine de la mienne se trouvaient deux personnages, d'aspect sympathique, qui s'entretenaient à haute voix d'aventures de voyage ; et, malgré moi, je prêtais l'oreille à leurs récits.

Soudain, s'apercevant, sans doute, que cette conversation m'intéressait, l'un des conteurs m'adressa la parole :

— Pardon, dit-il, n'êtes-vous pas monsieur Pertuiset ?

— Lui-même, monsieur.

— Eh bien ! voyez comme le hasard fait les choses, j'allais, aujourd'hui même, me mettre en quête de votre demeure. J'ai à vous entretenir d'une affaire, à vous soumettre une proposition. En attendant, permettez que je me présente tout seul : je suis le comte Raoul du Bisson dont vous connaissez peut-être le nom.

— Certes, répondis-je en m'inclinant.

— Mon compagnon, poursuivit mon interlocuteur, est le capitaine Le Magnon dont vous avez à coup sûr entendu parler. Personne n'a oublié ses exploits de marin pendant la guerre de Crimée.

Je saluai de nouveau et répondis :

— Je suis heureux, messieurs, de vous tendre la main à tous les deux. Si vous le voulez bien, nous achèverons ensemble notre déjeuner ?

— Volontiers.

Les tables une fois réunies :

— Maintenant, comte, dis-je, pardonnez-moi mon indiscrétion ; ne parliez-vous pas tout à l'heure d'une lointaine excursion ?...

— Très-lointaine, effectivement ; je reviens d'Abyssinie.

— Et vous avez vu Théodoros ?

— Non-seulement je l'ai vu, mais j'ai dîné avec lui.

— Je vous en prie, contez-moi cela.

— Avec plaisir. Je commençais ma narration, lorsque, certain de vous reconnaître, je vous ai adressé la parole ; je recommencerai pour vous, au risque d'ennuyer Le Magnon.

— Je vous écoute.

— Je passe les détails préliminaires, et j'arrive au fait.

Lorsqu'on m'introduisit dans la grande salle du palais, Théodoros était assis sur son trône ; deux lions noirs couchés l'un à sa droite, l'autre à sa gauche, semblaient sommeiller. Je m'approchai : les deux terribles gardiens se levèrent et me regardèrent, je l'avoue, de façon à me faire tressaillir.

— Approche, me dit le roi par la bouche de l'interprète ; mes lions ne font de mal qu'à mes ennemis, et j'aime à croire que tu n'es pas de ce nombre. Parle, que veux-tu ?

— Je voudrais, sire, fonder dans ce pays si

15

fécond en ressources, une colonie chrétienne qui, je l'espère, acquerrait bientôt, grâce à la protection de Votre Majesté, assez de puissance pour favoriser l'agrandissement de votre empire jusqu'aux limites extrêmes du Soudan. Qui sait si par la suite, et le ciel aidant, ces colons ne vous aideraient pas à conquérir l'Egypte et le Caire, dont vous feriez la capitale de vos États, le Caire devenu de la sorte rival de Constantinople.

— Nous nous entretiendrons de ce projet, répondit Théodoros flatté dans son ambition secrète ; mais plus tard. Aujourd'hui, je te convie à un repas destiné à célébrer ta bienvenue.

En disant ces mots, il se leva et je le suivis dans la salle du festin.

Les deux lions l'accompagnaient : ils se placèrent à sa gauche ; à droite s'assit une de ses femmes. L'on m'avait placé entre deux négresses jeunes et belles.

Le repas commença.

On nous servit d'abord une espèce de kouskoussou ; mes deux voisines, saisissant de pleines poignées de ce mets, le transformaient en boulettes qu'elles me jetaient dans la bouche avec une surprenante dextérité. Sur le point d'étouffer, j'agitai les bras avec désespoir et l'on comprit qu'il était temps de m'apporter à boire.

Ensuite, un bœuf vivant fut amené et solidement attaché à un anneau fixé dans le sol ; un esclave s'en approcha, muni d'un long couteau bien effilé, dépouilla tranquillement l'animal de sa peau jusqu'à mi-côtes, et découpa sur le corps vivant, ruisselant de sang, des bandes de chair que les serviteurs présentèrent au Négous d'abord, puis à ses hôtes.

Ce cruel spectacle m'inspirait, vous n'en doutez pas, un horrible dégoût, et les deux négresses chargées, pour mon malheur, de pourvoir à mon repas, continuèrent, avec une conscience louable autant qu'effroyable, à me fourrer dans la bouche, malgré mes efforts, une prodigieuse quantité de petits morceaux de cette viande pantelante. Je craignais de mécontenter Théodoros, et pâle, le visage couvert de sueur, j'endurais ce supplice. Quelques minutes de plus, c'en était fait de moi.

Enfin, l'on m'apporta deux vases contenant une boisson nauséabonde à laquelle il fallut goûter, et pour terminer le festin, des fruits et des confitures exécrables.

Au bout d'une heure, le Négous se leva. Je respirai.

— Reviens me voir dans trois mois, me dit-il, et maintenant retourne dans ta colonie.

Je ne me le fis pas dire deux fois.

Je ne puis que donner une idée de ce récit dit par le comte du Bisson', de si plaisante manière, que Le Magnon et moi éclations de rire.

Lorsque notre hilarité se fut un peu calmée, je fis apporter du champagne et des cigares, et je demandai au comte dans quel but il désirait me connaître, et quelle était l'affaire dont il avait à m'entretenir.

— J'y arrive, répondit-il, mais veuillez me prêter toute votre attention, car il s'agit d'une entreprise surprenante qui, si elle réussit, comme je l'espère, pourra rapporter des millions par centaines.

— Diable! Je vous écoute.

Là-dessus, le capitaine, dont l'humeur était joyeuse, voulut risquer quelques plaisanteries ; mais le comte, gravement, lui imposa silence, et s'adressant à moi :

— Vous êtes, je crois, l'homme qu'il nous faut pour nous aider dans une opération hardie, périlleuse, difficile. Soyez donc tout oreilles, et ne perdez pas un seul des détails que je vais vous donner. Je vous parlais tout à l'heure de mon voyage en Abyssinie : je m'embarquai, pour revenir, sur un vapeur des Messageries impériales. Nous relâchâmes quelques heures à Messine, et en rembarquant, un de nos passagers glissa du canot dans la mer très-houleuse à ce moment. Je me jetai vivement en avant, au risque de faire chavirer l'embarcation, et je fus assez heureux pour saisir cet homme par ses vêtements, au moment où il allait disparaître. Je le replaçai dans le canot, et l'aidai ensuite à monter les degrés de l'échelle.

Une fois remis de son émotion, il m'adressa, comme vous le pensez mille remerciements.

C'était un Turc ayant occupé à la Mecque une haute situation ; il se rendait comme moi, à Marseille, d'où il devait repartir pour Cons-

tantinople, où l'appelait une grave affaire
que je ne tardai pas à connaître.

Le soir même de l'accident, ce personnage
m'aborda et me dit :

— Monsieur le comte, vous m'avez rendu
un de ces services qui ne s'oublient pas.
Vous m'avez sauvé la vie dont je fais, il est
vrai, peu de cas, mais ma reconnaissance
n'en est pas moins vive. Je tiens à vous
en donner un éclatant témoignage. Sans
doute, je n'aurai jamais d'autre occasion de
m'acquitter envers vous. Je vous ai entendu
raconter vos voyages, qui m'ont vivement intéressé. Je vous tiens pour un homme aventu-
reux, entreprenant et loyal, et je serais aise,
dans l'intérêt de la civilisation, que l'entreprise dont vous avez parlé à Théodoros fût
menée à bonne fin.

— Je vous remercie, monsieur, de l'intérêt
que vous me portez.

Il s'inclina et reprit :

— Je doute, cependant, que l'Abyssinie soit
un pays d'avenir. Le sol, quoique fertile, est
d'un mince produit, le commerce insigni-
fiant, l'or très-rare. Tenez, en face de cette ré-

gion-là, de l'autre côté de la mer Rouge, il y a mieux à faire.

Oui, ajouta-t-il après un silence, il y a dans le pays dont je vous parle, plus de richesses que le Soudan, tout entier, n'en contient.

— Où donc? lui dis-je.

— Mais, à la Mecque, au tombeau du Prophète.

S'apercevant de mon étonnement, il reprit :

— Vous n'ignorez pas que depuis plusieurs siècles, cent mille pèlerins musulmans, environ, se rendent chaque année, de tous les points du globe, dans cette ville sainte de l'Islam. Le pèlerinage dure un mois et, chaque jour, les croyants viennent déposer près du tombeau une offrande en rapport avec leur fortune. Les riches donnent des sommes considérables; les pauvres, le fruit de leurs pieuses épargnes. On apporte même des pierreries, des vases d'or et d'argent, des ornements de toute sorte. Tout cela est précieusement recueilli et déposé dans des caveaux où il n'est permis à personne de pénétrer. Les précautions, à cet égard, sont tellement bien prises, qu'il serait matériellement impossible à ceux mêmes qui sont détenteurs des clefs, de dérober la moindre parcelle de ces trésors.

Et cependant, une infâme machination a fait qu'on m'a accusé, moi qui vous parle, de m'en être approprié une partie. Je ne devrais pas avoir besoin d'affirmer mon innocence ; mais je n'en suis pas moins forcé de me rendre à Constantinople, pour protester contre les imputations odieuses qui pèsent sur moi. Je crains, malgré tout, de ne pouvoir venir à bout de me disculper, car j'ai des ennemis puissants et acharnés à ma perte. Peut-être, presque certainement, je serai sacrifié à la haine de mes délateurs ; aussi ai-je résolu de me venger en acquittant envers vous une dette sacrée. Je veux en un mot, vous fournir le moyen d'enlever le trésor du Prophète.

— A moi !

— A vous-même.

Je réfléchis un moment, craignant d'être dupe d'une mystification ; mais le ton grave, presque solennel, de mon interlocuteur, éloignèrent de moi cette pensée. Je connaissais trop les hommes pour ne pas comprendre que j'avais affaire à quelqu'un de convaincu, de sincère.

Alors un combat se livra en moi ; je me demandai si dévaliser un trésor était une entreprise honorable et digne d'un gentilhomme. Toutefois, mon hésitation ne dura pas longtemps : ces richesses, après tout, n'appartenaient à personne ; elles avaient été offertes à un fétiche ; elles ne pouvaient être considérées comme une propriété privée ; et je songeai à mon dénûment, à mon existence vagabonde qui, sans doute finirait misérablement.

Enfin, je levai la tête et je répondis au musulman :

— J'accepte ; indiquez-moi ce qu'il faut faire. Je suis disposé à vous obéir aveuglément, et je vous donne, moi, comte du Bisson, ma parole d'honneur que je servirai votre vengeance.

— Je vous crois, et j'y compte, me répondit-il ; maintenant, je me vois forcé, à regret, de vous prévenir que je ne pourrai vous remettre les plans et les instructions nécessaires que dans une quinzaine de jours, lorsque j'aurai quitté le territoire français. Voulez-vous m'indiquer l'adresse à laquelle je pourrai vous les faire parvenir?

— A Paris, lui dis-je, hôtel du Louvre.

—C'est bien. Mais avant de nous séparer, je désire que vous vous engagiez, par serment, à remplir les promesses que vous me faites. Songez-y bien, car avant de mourir, je léguerai à mes amis le soin de vous punir si vous devenez parjure.

— Vous avez ma parole, dis-je en étendant la main.

— Bien. En outre, j'exige que, quelles que soient les circonstances, vous ne révéliez à qui que ce soit, ni ce secret, ni mon nom que je vais vous apprendre.

Et regardant autour de lui pour s'assurer que personne n'était à portée d'entendre ses paroles, il me dit mystérieusement son *vrai* nom à l'oreille.

— Vous pouvez compter sur moi, lui dis-je.

Il fit quelques pas pour s'éloigner; puis s'étant subitement ravisé, il se rapprocha et ajouta tout bas:

— A propos, nous arriverons demain, à Marseille. Je vous recommande, dans le cas où vous viendriez à me rencontrer dans la

ville, de ne pas faire semblant de me connaître, car il est probable que je serai sous la
surveillance d'émissaires chargés d'épier mes
moindres démarches. Maintenant, je vous dis
adieu, et je me repose sur vous.

Là-dessus, il me quitta.

— Eh bien, me dit le comte, que pensez-
vous de cette aventure?

— J'avoue qu'elle me paraît bien invraisemblable.

— Détrompez-vous. Vous auriez mille fois
tort de ne pas y ajouter foi, car j'ai reçu, il y
a deux jours, les plans et les instructions. J'ai
maintenant la certitude matérielle que les
millions existent et qu'on peut les enlever facilement.

— Nous ne sommes pas du même avis.

— Et pourquoi cela?

— D'abord, parce que ces richesses amassées
sont, à coup sûr, trop bien gardées pour qu'on
puisse les prendre; ensuite parce que se les
approprier, serait un vol, et un vol si reten-
tissant que vous ne trouveriez asile dans aucun pays du monde.

— Je l'avoue, mais une fois possesseur de

cette immense fortune je me réfugie en Abyssinie, et je me fais proclamer empereur à la place du Théodoros.

— Et moi, interrompit le capitaine, je serai grand amiral du Nil, car l'Abyssinie une fois à nous, nous faisons du même coup la conquête du Soudan.

— Je ne vois pas pourquoi, lui dis-je en souriant, vous ne vous empareriez pas, tandis que vous êtes en si beau chemin, et de l'Egypte et de la Turquie.

— Ne plaisantez pas, me dit le comte gravement : cela pourrait bien arriver. Mais au moins, est-il nécessaire, d'abord, de nous associer tous les trois, afin d'exécuter les plans qui m'ont été confiés. Voulez-vous être des nôtres ?

— Monsieur le comte, je vais vous parler à cœur ouvert. Ma réponse sera courte : je refuse absolument. Je considère vos propositions comme absurdes, et je ne veux pas les apprécier à un autre point de vue. Pourquoi, puisque vous êtes si avide d'or et de richesses, ne pas vous en prendre ici à un coffre-fort bien garni ? Cela reviendrait absolument au même,

et vous éviteriez de la sorte les frais et les fatigues d'un voyage.

A ces mots, la contenance de ces messieurs
devint embarrassée ; ils détournèrent un moment les yeux n'osant me regarder ; mais le
comte n'était pas homme à se décourager
pour si peu.

— Eh bien, me dit-il au bout de quelques
instants, puisque mon projet vous paraît irréa-
lisable, que feriez-vous à ma place?

— Moi! répliquai-je vivement, j'abandon-
nerais d'abord l'idée de m'approprier des trésors qui ne m'appartiennent pas : et puisque
vous êtes, à ce qu'il me paraît, amoureux
d'émotions et d'aventures... tenez, je vais à
mon tour vous soumettre un projet.

Vous êtes pieux, monsieur le comte, n'est-
il pas vrai? Et la foi chrétienne vous compte
au nombre de ses défenseurs. Vous avez de
l'audace et de l'énergie. Pourquoi ne pas
mettre ces qualités au service de votre cause,
et combattre pour la chrétienté en même
temps que pour vous?

Au lieu d'un crime, faites une action d'é-
clat ; ne dévalisez pas le tombeau de Mahomet,
enlevez-le. L'Europe entière, jadis, s'est levée

pour conquérir le tombeau du vrai Dieu: de quelle gloire l'Europe chrétienne d'aujourd'hui récompenserait l'homme qui, seul, accomplirait cet exploit: arracher au fanatisme musulman le sépulcre du faux prophète. A la Mecque, et non à Constantinople, se trouve en réalité le foyer de l'Islamisme. C'est à la Mecque que les pèlerins viennent puiser des forces pour lutter contre les « infidèles »; en revenant de là, ils prêchent avec une ardeur nouvelle la haine du nom chrétien. Mettez-vous donc en route pour La Mecque; et au lieu d'aller détrôner Théodoros, faites alliance avec lui. N'est-il pas chrétien, lui aussi? Son appui ne vous sera-t-il pas utile? Et ne trouverez-vous pas, en Abyssinie, un asile où vous pourrez, sans inquiétude, attendre les événements?

— Oui, répondit le comte rêveur, voilà une idée digne d'un homme qui, comme moi, a déjà combattu pour le chef de la chrétienté.

— Le cercueil de Mahomet, voilà qui est bel et bon, hasarda le capitaine; mais ce qui est autour, le solide, le trésor, le laissera-t-on en proie aux infidèles?

— Tâchez donc de devenir sérieux, capitaine, reprit le comte. Une seule chose m'embarrasse: nous ne pourrons pas garder éternellement ce tombeau; qu'en ferons-nous? Et puis, en réalité, renferme-t-il encore les dépouilles de Mahomet?

— Je l'ignore, répondis-je ; mais, de toute façon, vous porterez un coup terrible au fanatisme musulman.

Vous savez que la croyance des sectateurs de l'Islam est, qu'aucune puissance humaine ne saurait déplacer ce cercueil sans la volonté de celui qui, depuis des siècles, y dort de l'éternel sommeil. Jugez donc de l'effet que produirait sa disparition, et du profond ébranlement religieux qui en serait la conséquence. Vous deviendriez illustre, et l'or, certes, ne vous manquerait pas.

— Voulez-vous me permettre de réfléchir? me dit M. du Bisson.

— Réfléchissez.

— A bientôt, ajouta-t-il.

Il se leva, me serra la main et disparut avec le capitaine.

Trois jours après, le comte vint me trouver, seul, et m'apprit qu'il avait vu une personne très-influente à laquelle il avait fait part de notre projet, et qui n'était pas éloignée d'entrer dans la combinaison. Cette personne désirait avoir des renseignements plus circonstanciés et tenait essentiellement à me voir.

— Vous avez eu tort de parler de moi, répondis-je, je ne vous y avais pas autorisé.

— C'est vrai, mais j'ai pensé que vous voudriez bien me pardonner à cause de la gravité des circonstances.

— Mais enfin, quelle est cette personne que vous prétendez si influente ?

Le comte eut un moment d'hésitation :

— Je ne sais, me dit-il, s'il m'est permis de vous la désigner.

— A votre aise ; mais dans ce cas, je ne m'explique pas l'intérêt que vous aviez à parler de moi, et à m'annoncer que l'on désirait me voir. Au reste, il est inutile de feindre. Je sais quel est le personnage avec qui vous vous êtes entretenu : j'ai rencontré ce matin le capitaine, et nous avons causé.

Donc, ce grand seigneur est amirablement placé pour mener à bien votre affaire ; immense est le prestige de son nom ; peut-être même ne dédaignerait-il pas le trône de Théodoros ? Si cela était, grâce à cet appui très-puissant, votre entreprise, qui, de prime abord, ressemble à une plaisanterie, deviendrait sérieuse.

— J'y compte, surtout si vous voulez nous accorder votre concours et accepter d'être le commandant de l'expédition.

— Vous allez beaucoup trop vite en besogne, monsieur le comte ; et ce que vous me dites là, dans le dessein de flatter mon amour-propre, ne saurait, en aucune manière, me faire dévier de la ligne de conduite que je me propose de suivre. Cependant, pour vous faire plaisir, j'irai dès demain voir la personne dont vous parlez.

Le lendemain, en effet, je fis cette visite.

— J'ai consenti, hier, me dit le grand personnage, à écouter le comte du Bisson, uniquement parce qu'il est venu me voir en votre nom. Que pensez-vous de ses projets ?

— Ceux dont il m'a entretenu sont, en vérité, si nombreux, que je voudrais bien connaître celui qu'il a cru devoir vous soumettre.

— Oh ! il est fort simple et le voici :

Il m'a raconté qu'il s'occupait en ce moment d'organiser une expédition sur les bords de la mer Rouge, et qu'il avait le dessein d'occuper deux petites îles situées sur la côte d'Afrique, dans le but d'y établir un dépôt de charbons à l'usage des vapeurs français qui vont dans ces parages. Il m'a dit ensuite que selon, toute probabilité, il irait de là à la Mecque pour y enlever le tombeau de Mahomet, qu'il transporterait ensuite en Abyssinie. Il a ajouté qu'une fois là, il me ferait proclamer empereur à la place de Théodoros, si je consentais à l'aider dans son entreprise.

J'ai voulu vous voir avant de répondre.

Je remerciai mon hôte de la confiance qu'il voulait bien me témoigner, et je lui répétai, dans tous ses détails, la conversation que j'avais eue avec le comte. Il m'écouta très-attentivement, et lorsque j'eus fini :

— Cela, me dit-il, change bien la question, et je vois avec regret que, sous les apparences d'une œuvre humanitaire et religieuse, votre homme cache des desseins peu honorables.

— C'est mon avis, répliquai-je, et je ne lui ai pas caché combien son projet me paraissait odieux.

— Le comte me paraît être sous l'influence d'une idée fixe, et même je ne le crois pas en possession de toutes ses facultés intellectuelles.

Savez-vous à combien il évalue le montant du trésor de la Mecque ?

— Non.

— A un milliard de livres sterling. Il a évidemment perdu la raison, car c'est plus d'espèces monnayées qu'il n'en existe actuellement dans le monde entier. Quoi qu'il en soit, je repousse avec indignation toute idée de porter la main sur ces richesses qui sont la propriété des musulmans. Mon nom et mon honneur sont mes biens les plus précieux et jamais je ne m'associerai à une entreprise qui pourrait les compromettre. Je laisse donc de côté la question des millions dont je ne veux pas entendre parler, je le répète ; mais je vous avouerai franchement que, las de l'existence monotone que je mène, contrarié de l'éloignement où me laisse mon cousin, le chef de ma famille, je partirais volontiers pour l'Abyssinie si j'entrevoyais la possibilité de réussir. Cette contrée-là n'est pas faite pour rester soumise au Négous barbare qui la gouverne ; et j'ai la conviction que si elle se trouvait placée sous le sceptre d'un monarque, Français d'origine, elle deviendrait rapidement une source de grandes richesses pour mon pays.

— Mon opinion est, en tous points, conforme à la vôtre, répondis-je ; et pour une semblable cause, je n'hésiterais pas à vous suivre au bout du monde, s'il le fallait.

Il me prit la main et la serra avec émotion.

— Croyez-vous, reprit-il, aux connaissances spéciales du capitaine ? Le comte, qui m'a paru en posséder d'assez sérieuses, m'a fait le plus grand éloge de son ami.

— Ma foi, je les connais trop peu l'un et l'autre, et depuis trop peu de temps, pour les pouvoir juger.

— Puisqu'il en est ainsi, je serais bien aise de les étudier un peu. Voulez-vous les amener jeudi à Auteuil pour déjeuner ?

— Avec le plus grand plaisir. De toutes façons, je suis certain que vous vous amuserez beaucoup de leurs récits.

— C'est donc entendu, à jeudi.

Le jour fixé nous vit réunis tous quatre chez la personne dont il vient d'être question. Nous nous mîmes à table à onze heures, et la conversation la plus attrayante s'engagea.

Avant d'aller plus loin, je dois dire que notre amphitryon, pendant les trois jours qui s'étaient écoulés depuis ma visite, avait eu le soin de recueillir des renseignements précis tant sur l'Abyssinie que sur la Mecque : aussi, lorsque le repas fut achevé, il nous invita à passer au salon où il étendit plusieurs grandes cartes sous nos yeux.

— Une simple question, fit-il alors en s'adressant au comte ; vous dites qu'il y a à La Mecque un milliard de livres sterling ?...

— Parfaitement, je puis l'affirmer.

— Et combien pensez-vous qu'il faudrait de chevaux pour emporter ce milliard jusqu'à la mer Rouge ?

— Mille suffiraient.

— Vous croyez ? Et combien serait-il nécessaire de faire de voyages ?

— Un seul.

— Mille chevaux ! un seul voyage ! Oh ! monsieur le comte, permettez-moi de vous dire que si vous n'êtes pas mieux renseigné sur l'Abyssinie, je crois inutile de parler davantage de nos projets.

— Cependant... balbutia le comte, évidemment très-embarrassé, mes calculs sont exacts.

— Ils le sont si peu, reprit notre hôte, que pour transporter un milliard de livres sterling, en chargeant chaque cheval de cent cinquante livres, vous auriez besoin de dix mille chevaux pendant trois mois.

Puis, se tournant vers le capitaine :

— Vous nous avez dit en déjeunant, monsieur, que vous connaissiez parfaitement les côtes de la mer Rouge. Voudriez-vous être assez bon pour m'indiquer la distance qu'il y a de Souakin à Djedda? Vous marquerez au crayon les points où l'on peut aborder.

Le capitaine, troublé, bégaya, et ne put répondre à cette question.

Notre personnage fit un geste d'impatience.

— Monsieur le comte, dit-il, lorsque vous aurez mieux appris vos calculs; et vous, capitaine, quand vous aurez un peu mieux étudié votre carte, vous reviendrez me voir.

Et, en disant ces mots, il passa son bras sous le mien, salua ces messieurs d'un geste de la main, et m'entraînant au dehors, les laissa seuls dans le salon.

Le lendemain, je reçus la visite du comte. Il était seul.

— Comment se fait-il, lui dis-je, que le capitaine ne vous ait pas accompagné?

— Je le quitte à l'instant, me répondit-il.

Le pauvre homme est très-malade. Les paroles qui lui ont été adressées hier l'ont blessé profondément, et le médecin auquel j'ai parlé, craint sérieusement pour sa vie.

— Dites-lui bien qu'il se rassure, repris-je avec intérêt : consolez-le ; assurez-lui que tout n'est pas perdu, car je serais désolé qu'il lui arrivât malheur.

Le matin même, j'avais reçu de Bruxelles une dépêche m'appelant dans cette ville pour une affaire importante.

— Veuillez lui dire, ajoutai-je, que je pars ce soir, et que dans deux jours je serai de retour.

Le surlendemain, en effet, je revins à Paris, et mon premier soin fut de m'informer du capitaine près d'un de ses amis.

— Ah ! me répondit tristement celui-ci, le malheureux garçon a été enterré ce matin. J'étais seul à suivre son cercueil, et il m'a fallu payer son convoi car il est mort, sans laisser un sou, non loin d'ici, à l'hôtel de l'Europe.

Cette lugubre nouvelle me causa une grande impression. Elle m'attriste encore à l'heure où j'écris ces lignes.

Quelques jours plus tard, un abbé, le frère du capitaine, vint à Paris régler les frais des funérailles et solder la note de l'hôtel.

Ainsi finit le capitaine Le Magnon.

Quant au comte du Bisson, quelques années plus tard il devint général de la Commune; les journaux dirent qu'il avait été fusillé aux buttes Montmartre.

Le 2 décembre 1873, j'étais à Valparaiso, à la veille de mon départ pour la Terre-de-Feu, lorsque je vis passer devant moi, sur la place de l'Intendance, un vieillard à barbe blanche dans lequel je reconnus avec stupéfaction, qui?.. Le général fusillé, du Bisson, lui-même.

Je le laissai passer sans l'arrêter, puis m'approchant de lui par derrière, je lui frappai sur l'épaule :

— Eh bien, comte, lui dis-je, vous n'avez donc pas enlevé le trésor de la Mecque?

Il se retourna, me reconnut, et souriant tristement :

— Oh! me répondit-il, ne me rappelez pas ces souvenirs, je vous en prie, Alors, j'avais encore des illusions; mais depuis cette époque j'ai tant souffert que, sous peu, je le sens, je ne tarderai pas à rejoindre le capitaine. D'ailleurs, regardez et voyez ce que la misère a fait de moi.

Le malheureux, en effet, n'était plus que l'ombre de lui-même ; il faisait mal à voir.

— Il paraît, ajouta-t-il, que vous partez demain.

— Oui, je m'embarque à onze heures.

— Eh bien, j'irai vous voir auparavant si vous le permettez, car je serais heureux de causer avec vous de la France et d'avoir quelques nouvelles, cela me fera du bien.

L'heure du départ sonna le lendemain sans que le comte fût venu me trouver et je n'ai plus entendu parler de lui.

Si ces romanesques projets s'étaient accomplis, l'expédition anglaise en Abyssinie eût-elle eut lieu ? La guerre entre la Russie et la Turquie, eût-elle éclaté ?... qui sait ?...

Quelles que soient les suppositions que l'on puisse faire, nous résolûmes, après la mort du capitaine Le Magnon, d'accord avec le comte du Bisson, de ne plus nous occuper du tombeau de Mahomet.

Cinq mois plus tard, environ, le hasard remit cette question sur le tapis.

Un haut fonctionnaire dont il est inutile de donner le nom, me fit venir chez lui pour m'entretenir de mes balles explosibles.

Au moment où j'allais me retirer, après avoir fourni les explications qui m'étaient demandées, mon interlocuteur me fit signe de me rasseoir et, d'un ton mystérieux me dit:

— Vos anciens projets sur la Mecque me sont connus; dites-moi donc pourquoi vous avez abandonné cette expédition?

— Parce que je ne pouvais faire autrement, lui répondis-je.

— Quelles sont vos raisons?

— Elles sont nombreuses. D'abord, le personnage d'Auteuil, que vous connaissez, et qui était le porte-drapeau de l'entreprise, a refusé de nous continuer son concours. Ensuite, le capitaine Le Magnon est mort. Enfin les ressources nécessaires me font défaut.

— D'accord. Mais si vous aviez fait connaître vos intentions, vous auriez vite trouvé des appuis et des capitaux. L'idée d'enlever les restes du Prophète est à ce point extraordinaire qu'elle ne saurait manquer d'exciter la curiosité générale; seulement il faudrait respecter le trésor.

— Je n'ai jamais eu d'autre intention.

— J'en suis convaincu. Vous êtes l'homme qui convient à une semblable entreprise, et si vous voulez persévérer, à mon avis, vous réussirez.

— Ah! cela ne dépend pas de moi seul, je vois des difficultés insurmontables pour la réalisation de ce projet : Le secret le plus absolu me paraît nécessaire d'un côté et de l'autre, si l'on n'ébruite pas l'affaire, on ne trouvera pas de capitaux.

Après un instant de réflexion, le fonctionnaire reprit en pesant toutes ses paroles :

— Il y a un moyen auquel vous n'avez pas songé.

— Lequel?

— Obtenir du gouvernement une mission dans la mer Rouge.

— A quoi cela me servirait-il?

— Je m'explique. Lorsque l'Angleterre prit possession de l'île Périm qui commande la mer Rouge, l'Empereur, pour contrebalancer cette influence, acheta, en 1863, au chef indigène Bou-Beker, la baie d'Obok avec douze lieues de côtes. La prise de possession s'effectua en 1864. Je crois qu'en raison de cet achat, le souverain serait disposé à favoriser une expédition qui s'installerait sur ce point dans le but de coloniser. Non-seulement vous obtiendriez, j'en suis convaincu, des avances, mais encore on mettrait à votre disposition deux ou trois bateaux qui vous permettraient de faire, au moment propice, une pointe sur la Mecque. L'intention formelle du gouvernement français, est de protéger, de faciliter l'établissement d'un comptoir à Obock et de créer là une station navale rivale de Périm. Le trafic des produits de l'Abyssinie se ferait sur ce point à cause de l'économie de temps que trouveraient les négociants dont les transports s'opèrent en ce moment par Massouk ou par Zeïla, ce qui permet au Pacha de prélever sur toutes les denrées une contribution de 25 %. En se rendant directement à Obock, les marchands seraient exempts d'impôts, et, par conséquent, n'hésiteraient pas. L'avenir de la station sera assurément prospère.

— Sans doute, répliquai-je. Seulement, à mon point de vue, cela n'est pas suffisant. Il me faut un armement spécial, un personnel nombreux; en un mot, beaucoup d'argent, tout de suite.

— Réfléchissez.

— J'entrevois un moyen.

— Expliquez-le moi.

Je vais me rendre en Égypte où l'on me réclame pour des expériences. Il se peut que je vende au Khédive mon invention ; dans ce cas, je toucherai immédiatement l'argent nécessaire à l'enrôlement de ma troupe. Le gouvernement égyptien, il est vrai, est très-soupçonneux, et laisse difficilement pénétrer des armes sur son territoire, car il craint toujours un soulèvement dans le Soudan. En ce moment même, le prince Halim est l'objet d'une surveillance active ; on vient de saisir des fusils et des munitions à lui destinés et devant servir à l'équipement de chasseurs qui, sous ses ordres, s'apprêtent à se rendre à Kartoum et, de là, dans l'intérieur, pour y chasser les gros animaux. L'État a préféré rembourser le prix d'achat des armes, plutôt que d'en permettre l'introduction.

Toutefois, j'imagine qu'il me sera possible d'éluder cette difficulté et d'obtenir du viceroi un firman me permettant de recevoir un envoi d'armes. Je lui ferai comprendre qu'une expédition de deux cents hommes se réunis-

sant pour aller sur les bords du fleuve Blanc
et du fleuve Bleu, chasser le lion, l'éléphant,
l'hippopotame et le rhinocéros, ne saurait être
considérée comme dangereuse. Peut-être,
parviendrai-je même à me faire confier une
mission par le gouvernement. L'entreprise,
alors, aurait de grandes chances de réussite.

— Si vous êtes décidé à la tenter, ne perdons pas de temps. Voulez-vous que j'agisse?

— Soit. Je suis prêt. Faites le nécessaire.
Le lendemain, nous nous retrouvâmes. J'assurai de nouveau le personnage dont il s'agit
de la fermeté de ma résolution; je signai une
requête qu'il se chargea de remettre à l'Empereur, m'assurant que tout serait prêt pour mon
retour et quinze jours plus tard j'étais au
Caire.

Un agent égyptien qui, souvent, m'en-
gageait à me rendre dans ce pays m'avait
remis une lettre de recommandation pour
S. E. Chérif-Pacha, président du conseil des
ministres, et ministre de la guerre.

Je fus reçu de la façon la plus bienveillante
dès le lendemain de mon arrivée et le ministre
m'assura qu'on allait nommer immédiate-

ment une commission provisoire pour l'examen de mes balles explosibles.

Il fallut cependant vingt jours pour organiser cette commission composée de M. le colonel d'état-major Mircher, du colonel Minié-Pacha, directeur de la fabrique d'armes, et d'un certain nombre d'officiers. Les expériences donnèrent les meilleurs résultats, et le rapport de la commission fut des plus favorables. On décida alors de charger avec ma poudre des obus de quatre; pour la circonstance, Ratib-Pacha, général en chef de l'armée égyptienne fut nommé président.

Cet officier, joint à une rare urbanité, de sérieuses qualités militaires. L'histoire de sa fortune, de son élévation, est des plus curieuses, et mérite d'être rapportée en quelques mots.

Il naquit esclave du vice-roi prédécesseur du Khédive actuel. Un jour, son premier maître, dont la douceur n'était pas le principal mérite, le fit appeler et, sans raison, lui donna un vigoureux coup de pied qui porta bas. Désespéré d'avoir subi cet affront immérité, il résolut de ne point survivre à sa honte et se tira un coup de pistolet dans la bouche.

La balle lui traversa la joue, en lui cassant deux dents, mais ne le tua pas.

Le vice-roi, en apprenant cet acte de déses-poir, se repentit de sa brutalité, envoya son médecin au blessé pour lequel il eut, pendant sa convalescence, les attentions les plus déli-cates ; et, après sa guérison, il le nomma colonel d'un régiment.

Ses brillantes qualités le firent bientôt dis-tinguer, et son avancement fut rapide. On sait ce qu'il devint. — A quoi tient la for-tune !

Ce général, ainsi que le colonel d'état-major Mircher, chef de la mission, eut pour moi toutes les complaisances imaginables. Mais, comme je le pressais pour obtenir un résultat, les fêtes du Ramadan survinrent : c'était un mois perdu, pendant lequel il ne fallait point songer à s'occuper d'affaires.

Tous les vendredis, Chérif-Pacha donnait audience dans son jardin : des banquiers, des négociants de toute sorte, cinquante personnes environ, le guettaient, pour ainsi dire, espé-rant profiter d'un moment favorable, obtenir une entrevue ou quelques instants d'entretien. Ils ne se décourageaient point, et quelques-uns attendaient, de la sorte, pendant plusieurs années, s'imaginant qu'un jour ou l'autre le Pacha les récompenserait de leur persévérance. C'est, qu'en effet, en ce temps-là, une commission de n'importe quoi, de choux ou de balais, par exemple, suffisait à enrichir un fournisseur. Depuis, les choses ont changé : le vice-roi, dit-on, n'est pas prodigue.

Malheureusement pour les appétits de ses sujets, Chérif-Pacha ne recevait d'ordinaire qu'une ou deux personnes chaque vendredi ; et, après s'être entretenu peu de minutes avec elles, rentrait dans son palais.

Je me rendis au fameux jardin pour y attendre à mon tour le premier ministre ; mais je n'eus pas besoin de m'armer de patience : il me reçut immédiatement.

Il manifesta ses regrets du retard apporté à la solution de mes affaires par les fêtes du Ramadan ; m'affirma qu'aussitôt qu'elles seraient terminées on reprendrait les expériences ; puis il me parla de mes chasses au lion et de mon dessein d'aller dans le Soudan. Je le mis au courant de mes intentions et lui indiquai mon itinéraire. J'ajoutai que je m'occupais d'organiser ma troupe, que je croyais que mes balles feraient merveille, et je terminai en lui demandant la permission d'introduire des armes en Egypte.

Le ministre m'assura de son bon vouloir, de son appui auprès de Son Altesse, qui ne verrait probablement aucun inconvénient à m'accorder le firman nécessaire, surtout si je prenais les intérêts de Sa Majesté. Enfin, Chérif-Pacha me renouvela ses promesses concernant la commission d'artillerie, et je le quittai enchanté de ses bonnes dispositions, après l'avoir remercié chaleureusement et lui avoir promis de lui rapporter une collection variée des animaux qui peuplent les bords du Nil blanc et du Nil bleu.

Je m'en allai le cœur plein d'espérance, comme dit la chanson. Les fêtes du Ramadan se terminèrent, puis les semaines s'écoulèrent sans nouvelles. En vain, pendant plus d'un mois, je fis de fréquentes visites aux membres de la commission ; en vain j'essayai de pénétrer de nouveau près de Cherif-Pacha.

A la fin, lassé d'attendre, je me rendis chez ce personnage, décidé à avoir une réponse définitive. Je n'étais point sans inquiétudes :

m'avait-on trahi ? Était-on au courant de mes véritables projets ? Que signifiait ce revirement ?

Je trouvai, au ministère, un jeune avocat français attaché au cabinet, qui se fit l'interprète de ma demande, et revint m'annoncer, de la part de Chérif-Pacha que, l'Egypte, n'étant point à la veille de faire la guerre, on n'avait aucun besoin de mes services, et qu'on était décidé à ne plus donner suite à mes expériences ; que, cependant, comme on était absolument satisfait des résultats déjà obtenus, on me ferait une commande, le cas échéant.

A ces mots, je me mis fort en colère et pris même à partie le malheureux avocat qui n'en pouvait mais. Comment ! On ne m'indemniserait pas de mon temps ! Comment ! J'aurais perdu cinq mois dans ce pays, dépensé une somme considérable, et on me renverrait comme cela, bafoué, dépouillé, après les promesses faites !... Jamais !

— Allez informer votre maître, dis-je au jeune homme, que je réclame au gouvernement qui m'a fait venir ici, et, qui m'y a fait rester, une somme de trente mille francs.

Cette indemnité m'est dûe, et je ne suis pas homme à me contenter de bonnes paroles.

Un quart d'heure plus tard, mon interlocuteur revint m'apprendre que le ministre n'avait rien à ajouter à sa première réponse.

Mon exaspération redoubla, et je criai très-haut que, puisqu'on me traitait de la sorte, j'attendrais quand même la sortie du Pacha, afin de pouvoir lui dire en face ce que je pensais de lui.

L'avocat me quitta, et je me mis à arpenter le grand salon d'attente, gesticulant, donnant toutes les marques de la plus grande colère.

Dans ce salon, se trouvait le secrétaire du ministre, lequel n'osait souffler mot. Lors de ma première visite, il avait eu soin de me faire signer un bon de commission, lui réservant dix pour cent sur tous les marchés que je passerais avec le gouvernement égyptien.

Il me regardait en dessous, tandis que je maugréais et que je tempêtais.

Tout à coup, un esclave vint le chercher et, quelques minutes plus tard, mon homme revint, s'approcha de moi et me dit que le Pacha consentait à me recevoir. Il m'engagea à me montrer patient, très-patient.

Je le promis, et, après avoir traversé, derrière lui, quelques pièces somptueusement meublées, je me trouvai dans le salon de réception où le consul de Russie, un officier et un entrepreneur nommé Cordier, s'entretenaient avec le ministre.

Après les compliments d'usage, ce dernier me fit asseoir à ses côtés, ordonna qu'on me servît une tasse de café puis m'adressa la parole :

— J'ai tenu à vous voir, monsieur, pour vous féliciter de l'heureux résultat de vos expériences. Le rapport qui m'a été adressé au sujet de vos balles explosibles, vous fait le plus grand honneur. Cette merveilleuse invention est appelée à rendre les plus importants services ; elle est un progrès dans l'art de la guerre. Malheureusement pour vous, l'Égypte ne prévoit pas une entrée en campagne. Si, dans un temps plus ou moins rapproché, nous avions lieu de redouter quelques complications, soyez certain que le gouvernement n'aura garde de vous oublier.

— Je remercie Votre Excellence de ses compliments et de ses promesses, répondis-je ; elle me les avait déjà fait transmettre tout à l'heure, dans les mêmes termes, et je suis heureux de les entendre de sa propre bouche; mais elle doit se souvenir que c'est sur son ordre que je suis venu en Égypte où il m'a fallu dépenser plus de trente mille francs. Il me semble équitable qu'on me rembourse cette somme que je possèderais encore si je n'avais point quitté la France dans l'unique intention de vous rendre service, et, je le répète, sur votre ordre.

— La chose est fort regrettable, monsieur, mais il est impossible de faire droit à votre réclamation, si juste qu'elle puisse paraître.

— Et quelles sont vos raisons, Excellence?

— Vous n'ignorez pas que les inventeurs supportent toujours les frais de leurs expériences.

— Dans certains cas, oui; mais pas dans le cas présent. Si je vous avais sollicité, je ne réclamerais rien : vous m'avez appelé, donc indemnisez-moi.

— Encore une fois, nous ne le pouvons pas.

— C'est votre dernier mot? fis-je, en regardant fixement le ministre.

— Oui, monsieur, fit-il en détournant la tête.

Je m'étais, jusqu'alors, exprimé avec la plus parfaite politesse et la plus grande douceur; je n'y tins plus, j'éclatai.

Je frappai un violent coup de poing sur la table, proférant, malgré moi, un juron qui produisit l'effet d'un boulet explosible. Le Pacha s'enfuit; les trois personnes présentes à la scène m'entourèrent, me suppliant, cherchant à me calmer, voulant à tout prix empêcher que ce scandale continuât. Je ne leur répondis pas.

A ce moment, quatre cavaliers-gardes du palais vinrent se placer à la porte. Leur apparition porta mon irritation à son comble.

— Veuillez prévenir ces soldats, dis-je au consul de Russie, que, s'ils font un pas de plus de mon côté, je les jette par la fenêtre.

Aucun d'eux ne bougea. Enlevant alors, d'un geste de défi, le tarbouch qui me servait de coiffure, je le jetai au milieu de l'appartement et, nu-tête, je rejoignis ma voiture qui me conduisit à mon hôtel, et, de là, au cercle où la nouvelle de cette aventure m'avait précédé.

La plupart des membres me donnèrent raison et m'engagèrent à ne pas céder. Je n'avais pas besoin de ces encouragements ; j'étais fermement décidé à aller jusqu'au bout.

A l'heure du dîner, un jeune Italien qui m'avait été présenté, vint me trouver, de la part de l'avocat français attaché au cabinet du ministre. Celui-ci me reprochait amicalement de l'avoir cru, dans un moment de colère, défavorable à ma réclamation. Il désirait, au contraire, me servir et me priait de l'aller voir.

Je me rendis aussitôt près de lui.

— Monsieur, me dit-il, je tiens à dissiper vos injustes préventions. Je vous ai transmis une réponse que j'avais ordre de vous transmettre, voilà tout. Au reste, vous n'allez pas longtemps douter de ma sympathie. Votre disgrâce, car disgrâce il y a, provient de ce qu'on vous prête des projets, des intentions qui sont loin d'avoir l'approbation du gouvernement égyptien. Je n'insiste pas sur ce sujet mais, à mon avis, il vous sera facile, si vous le voulez bien, d'empêcher que la regrettable affaire de tantôt n'ait des suites fâcheuses.

—Quelles suites ? qui donc peut se plaindre, si ce n'est moi ?

— D'accord ; mais vous comprenez que le

ministre ne peut rester sous le coup d'une offense semblable.

— Qu'il prenne donc ses mesures pour s'assurer de ma personne ; il trouvera à qui parler.

— Il ne s'agit pas de vous arrêter, mais de dissiper un malentendu. Pourquoi n'adresseriez-vous pas à Chérif-Pacha une lettre dans laquelle vous exposeriez de nouveau vos griefs, vos réclamations ? Vous ajouteriez incidemment que vous regrettez un moment d'emportement. Son Excellence se considérerait, de la sorte, comme satisfaite et vous rendrait justice, sans nul doute.

J'entrai dans cette voie de conciliation.

— Soit ; répliquai-je. Que l'on fasse les expériences avec les boulets ; et si les résultats sont favorables, que l'on me rembourse seulement une partie de mes frais. C'est là tout ce que je demande ; mais, étant donnés les services par moi rendus à votre gouvernement, dans tout autre pays on ne se contenterait pas de ne point chicaner pour une misérable somme d'argent, on me décorerait. Votre croix du Medjidié a été donnée à des gens qui n'avaient rien fait pour l'obtenir. Ecrivez donc la lettre, je vais la signer. Si demain matin, je n'ai point de réponse, je trouverai moyen de parler au vice-roi et de me plaindre.

L'avocat m'assura de son zèle et partit avec ma demande.

Le lendemain, à onze heures, aucunes nouvelles. Ma foi, je n'hésitai pas à aller présenter ma requête au Khédive. Je traversai donc le Nil, et, après avoir franchi la porte de l'édifice royal, je trouvai l'introducteur des ambassadeurs, Zekki-Bey, qui vint au-devant de moi et s'informa du motif de ma visite.

Je le lui expliquai, exprimant le désir de voir Son Altesse qui, à ce qu'il paraît, n'était pas visible.

Zekki-Bey me demanda alors ce que contenait une supplique que j'avais préparée et que je tenais à la main. Je la lui remis sans défiance ; il en brisa le cachet et, voyant que j'y attaquais le premier ministre, il refusa nettement de se charger de la remettre.

Je lui reprochai sévèrement d'en avoir pris connaissance, et je crois, même, que je l'appelai : « espèce de chambellan » d'une voix si douce, qu'il disparut en courant comme si le diable le poursuivait.

J'étais maître du champ de bataille, mais, fort embarrassé. Pendant plus d'une heure, j'errai de salon en salon sans rencontrer âme qui vive; ce palais ressemblait à celui de la *Belle au bois dormant*.

De guerre lasse, il fallut bien me retirer, jurant et maugréant contre les ministres et le vice-roi lui-même.

A cinq heures, cependant, une bonne nouvelle m'arriva. L'avocat m'informait que tout était arrangé, que le ministre avait donné les ordres nécessaires et que, si les dernières expériences réussissaient complétement je serais non-seulement indemnisé, mais encore décoré.

Presque aussitôt après cette communication, je reçus un avis officiel me conviant à me rendre le lendemain matin, à sept heures, au *Désert*, afin d'y procéder aux essais en question.

Grand fut mon embarras. Je ne m'attendais pas à une résolution si prompte, et n'avais point de poudre fabriquée. Je dus, avec deux hommes, en préparer, pendant la nuit, la quantité nécessaire; mais la manipulation dans ces conditions n'était point sans danger, et je m'attendais à sauter d'un moment à l'autre en faisant sauter l'hôtel avec moi.

Enfin au point du jour tout fut prêt sans accident. J'allai à l'arsenal chercher les obus que je chargeai en route dans la voiture et j'arrivai sur le polygone en même temps que la commission qui était au grand complet; Sefer-Pacha, l'envoyé de Constantinople, et Ali-Pacha, frère de Kalil-Bey, en faisaient partie.

On chargea immédiatement un canon. Je n'étais pas sans inquiétude, car je n'avais, jusqu'alors, chargé que des balles avec ma poudre. Je redoutais, dans l'âme de la pièce, une explosion qui, se produisant, aurait infailliblement fait éclater le canon, tuant ou blessant, non-seulement moi, mais tous ceux qui se trouvaient autour.

Que faire? Prévenir la commission, c'était tout perdre.

On fit feu. Le projectile n'éclata que dans la cible. On en tira d'autres, à diverses reprises et à différentes distances. Le résultat fut également bon. La commission était dans l'enchantement.

Deux heures après mon retour au Caire, je

reçus la somme qui m'avait été promise, et le brevet de l'ordre du Medjidié. En échange, je promis de quitter l'Égypte le surlendemain, par le courrier d'Alexandrie.

On voit qu'avec un peu d'énergie, on arrive à tout.

Cependant, il me fallait renoncer momentanément à mon entreprise. Les restes vénérés du Prophète pouvaient dormir tranquilles; Allah, sans doute les protégeait. J'y devais songer longtemps encore.

*\
* *

Vers le milieu de l'année 1869, c'est-à-dire trois années environ après les événements que je viens de raconter, je me rendis à Constantinople pour y expérimenter mes projectiles,

Je n'étais arrivé dans la capitale de la Turquie que depuis une semaine, quand un riche négociant français m'invita à dîner. Au nombre des convives, se trouvait un haut personnage qui venait d'encourir la disgrâce du sultan, et j'étais placé à côté d'un des médecins du harem.

Mes chasses défrayèrent la conversation, et

17.

le docteur me témoigna la plus vive sympathie. A la fin du repas, il me dit : — Je suis heureux d'avoir fait votre connaissance. Nos généraux, sans nul doute, se montreront favorables à vos essais ; toutefois, je veux vous indiquer le moyen d'obtenir aisément l'appui de Sa Hautesse. Le hasard vous offre une occasion excellente. Le sultan possède une ménagerie ; il aime les bêtes féroces, et se plaît, chaque matin, à rendre visite à ses lions et à ses tigres. Le plus beau de ces animaux, le tigre favori, boite depuis une quinzaine et ne peut s'appuyer sur la patte gauche de devant. A mon avis, cette claudication est le résultat de la pénétration d'un éclat de bois. Si on parvenait à le retirer, l'inflammation disparaîtrait, et l'animal serait immédiatement guéri. Je ne vous dis rien de la récompense de Sa Majesté reconnaissante pour le sauveur de son plus beau tigre ; mais si vous me permettez, monsieur, de lui parler de l'adresse et du courage dont vous avez maintes fois donné la preuve, je suis certain de faire accueillir mon offre dès demain. Voulez-vous tenter l'aventure ?

La proposition était trop séduisante pour

n'être point acceptée avec enthousiasme. Je me chargeai de l'opération. Il suffirait de maintenir l'animal dans une immobilité complète, et la difficulté n'était point de nature à m'arrêter. De quoi s'agissait-il après tout? D'entrer dans la cage, de ficeler le tigre après l'avoir couvert d'un filet à mailles fines et solides; de lui mettre un bâillon, d'attacher ses quatre pattes aux barreaux, et d'extraire le morceau de bois. J'en avais vu bien d'autres!

Le haut personnage qui assistait à notre entretien, m'écoutait en souriant, tandis que je développais mon plan. A la fin, il prit part à la conversation, et m'interpellant:

— Vous avez bien fait, monsieur, de venir à Constantinople. Vous y ferez fortune.

— Je n'en serai pas fâché, Excellence, répliquai-je.

— Je connais vos projets, ajouta-t-il, toujours souriant; je sais quel but vous poursuivez.

— Veuillez m'expliquer...

— Non; demain, demain.

— Pourquoi ne pas me dire aujourd'hui?...

— Si je suis bien informé, l'affaire est délicate, et vous y risquez votre tête.

— Vous m'intriguez au dernier point,
et...

J'allais continuer, lorsque notre amphy-
trion comprenant que sa présence pouvait
gêner, sortit avec le médecin et me laissa seul
en présence de mon interlocuteur.

Celui-ci rapprocha sa chaise de la mienne :

— Vous persistez donc à vouloir enlever les
restes du Prophète ? me dit-il à voix basse.

Je gardai le silence.

— J'ai été mis au courant de cette histoire
pendant que j'exerçais mes fonctions. Celui
qui a trahi le secret s'est adressé directement
ici, et c'est nous qui avons donné l'alarme au
gouvernement égyptien. Maintenant, je suis
en disgrâce et puis vous parler à cœur ouvert.
Avant peu, j'aurai reconquis mon influence :
voulez-vous que je l'emploie en votre faveur,
c'est-à-dire en faveur de votre entreprise ?

Flairant un piège, je continuai à ne point
répondre.

— Vous vous méfiez de moi, continua
l'Excellence ; vous avez tort. Pourquoi abu-
serais-je de votre confiance ?

A nous deux, si vous le voulez bien, nous accomplirons l'œuvre et, bientôt, le tombeau du Prophète sera à nous. Donnez-moi la main.

Je la lui donnai, déguisant ma méfiance, et remis au jour suivant un entretien plus sérieux. Là-dessus, l'Excellence me quitta avec de grandes protestations d'amitié.

Le lendemain, de bonne heure, je reçus la visite d'un monsieur que j'avais connu à Auteuil chez le personnage dont il a été question dans ce récit. C'était un familier de la maison. Il se trouvait depuis un certain temps à Constantinople, et avait été, jadis, telle est du moins mon opinion, mis au courant de la grande affaire. L'ayant rencontré à mon arrivée, je l'avais invité à déjeuner pour ce jour-là. Je savais qu'il jouissait des faveurs du Divan et qu'il fréquentait assidûment le grand vizir et les ministres.

Il entra brusquement dans ma chambre et m'informa qu'il me faussait compagnie ; le grand vizir l'attendait.

Je déjeunai seul. J'achevais à peine mon repas, lorsqu'il revint.

— Votre malle est-elle prête ? me dit-il précipitamment.

Je me levai comme mû par un ressort.

— Pourquoi cette question ? murmurai-je tout effrayé.

— Vite, passons dans votre chambre à coucher et bouclons les valises.

— Me direz-vous ?...

— Dépêchons-nous ; ce soir il serait trop tard.

— Trop tard !

— Oui ; l'on connaît vos projets sur la Mecque, et l'on vous soupçonne de n'être venu ici que pour les mettre à exécution dans un bref délai. Comprenez-vous, maintenant?

— Et après?

— Après ! Si, à trois heures vous n'êtes pas embarqué sur le bateau qui part pour Varna, vous êtes un homme perdu.

— Croyez-vous qu'on m'empale?

— Ne plaisantez pas, ce n'est pas le moment. Je vais faire porter vos bagages à bord, et nous nous rendrons au port par un autre chemin, comme pour accompagner un voyageur.

Je n'insistai pas plus longtemps pour rester. Après avoir chaleureusement remercié mon sauveur, je grimpai sur le navire en partance et, à trois heures, je quittais le Bosphore et la Turquie. L'envie de retourner dans ce pays, ne m'est jamais venue depuis.

FIN

PIÈCES JUSTIFICATIVES

TRAITÉ RELATIF A LA SOCIÉTÉ AFRICAINE

Entre les soussignés, M. Jules Gérard, lieutenant de cavalerie, demeurant à Paris, 21 place du Marché-Saint-Honoré,

Et M. Pertuiset Eugène, rentier, demeurant à Saint-Ouen (Seine), route de la Révolte 132;

Il a été convenu et arrêté ce qui suit :

ARTICLE 1ᵉʳ. M. Jules Gérard ayant arrêté les bases d'une société dite : *Africaine internationale*, dont le but sera la destruction des animaux nuisibles de l'Algérie, et leur capture au moyen d'une troupe de chasse organisée; ainsi que les explorations scientifiques du continent africain au moyen de cette même troupe de chasse, M. Jules Gérard a reconnu l'utilité d'un associé apportant les fonds nécessaires pour fonder la société.

ART. 2. M. Pertuiset Eugène, accepte, par ces présentes, l'association qui lui a été proposée par M. Jules Gérard, aux conditions suivantes :

Art. 3. M. Jules Gérard ayant déjà réuni un certain nombre de membres fondateurs, et obtenu l'adhésion de plusieurs sociétés importantes qui ont intérêt à la fondation de la *Société Africaine*, s'engage à poursuivre l'œuvre de fondation jusqu'à ce qu'il ait réussi.

Art. 4. De son côté, M. Pertuiset Eugène, pour faciliter à M. Jules Gérard ses moyens d'action, tant en France qu'à l'étranger, s'engage à faire les frais de voyage, de publicité et autres, utiles à la fondation de la société, jusqu'à concurrence de trois mille francs. Cette somme sera remboursée à M. Pertuiset Eugène, sur le budget de la *Société Africaine*.

Art. 5. M. Jules Gérard accepte cette association, et reconnaît avoir reçu de M. Pertuiset Eugène, la somme de *mille* francs, à valoir sur les dépenses futures de la société.

Art. 6. Pour reconnaître les bons offices de M. Pertuiset Eugène, dans cette circonstance, M. Jules Gérard s'engage :

1° A le faire accepter, par les membres fondateurs de la société, comme lieutenant des chasses, avec l'indemnité annuelle affectée à ces fonctions, dans les statuts.

2° A mettre à sa disposition les premiers couples d'animaux capturés vivants par la troupe de chasse, ainsi que le nombre d'Arabes que M. Pertuiset Eugène pourra désirer pour l'accompagner en Europe.

3° A faciliter, par tous les moyens dont il pourra disposer, l'exposition de cette collection d'animaux dans les principales villes de l'Europe, et cela, dans les intérêts mutuels des deux parties contractantes.

ART. 7. M. Pertuiset (Eugène) aura la propriété entière de cette collection, à la condition de partager *par moitié*, avec M. Jules Gérard, les bénéfices *nets* provenant des expositions pendant les six premières années à partir de ce jour.

ART. 8. La répartition des bénéfices, entre les deux associés, aura lieu deux fois par an, de six mois en six mois,

ART. 9. Dans le cas où M. Pertuiset Eugène, faciliterait à M. Jules Gérard, une autre opération lucrative ayant trait à la Société Africaine, M. Jules Gérard s'engage à lui accorder *un tiers* des bénéfices qui en proviendraient.

Fait double entre les parties, pour être exécuté de bonne foi, à Paris le 31 janvier 1862.

(*Signé*) PERTUISET (Eugène). (*Signé*) Jules GÉRARD.

ARTICLE ADDITIONNEL. — Le délai de six ans fixé plus haut pour la durée des droits de M. Jules Gérard sur les bénéfices de l'exposition des animaux, pourra être prolongé *du double*, s'il le demande à M. Pertuiset (Eugène) avant l'expiration des six premières années.

En cas de contestation entre les parties, il en sera référé à un arbitrage amiable de trois personnes.

(*Signé*) PERTUISET (Eugène). (*Signé*) Jules GÉRARD.

Paris, le 20 septembre 1865.

Monsieur Pertuiset,

Il n'est venu personne vous demander. Quant à ce que vous appelez des perfectionnements sur la balle explosible, je les appelle moi un retour sur le passé; il y a six ans que je travaille là-dessus, et je vous prie de croire que j'ai acquis une certaine expérience. Tout n'est pas fini, mais je ne veux pas revenir sur un passé jugé; j'ai commencé par une balle en plomb creuse, balle comme celle des chasseurs, et je suis arrivé progressivement à celle actuelle, que je ne désespère pas de perfectionner encore. Vous comprendrez bien que je ne puis pas toujours faire aux caprices de tout le monde, à mes frais; quand on me soumet des idées nouvelles, je suis très-attentif. Quant aux questions résolues, je les laisse passer. Je vous le répète, le fulminate ne vaut pas la poudre, et de plus son emploi est très-dangereux,

Jules Gérard lui-même il y a quatre ans en a fait l'expérience.

Veuillez agréer monsieur mes salutations empressées,

(*Signé*).DEVISME.

Jemmapes, le 12 mars 1866.

Monsieur,

Le général commandant la subdivision de Constantine me charge de vous faire savoir que les recherches relatives au vol dont vous vous êtes plaint au général commandant la province, sont continuées.

Veuillez agréer, monsieur, l'assurance de ma considération distinguée.

(*Signé*) Le chef de l'annexe.

Le chef du bureau arabe de Bone certifie que M. Eugène Pertuiset, de Genève, s'est présenté au bureau avec la dépouille d'un lion qu'il a tué aux Beni-Salah, et qu'il en a touché la prime (1).

Bone, le 29 avril 1866.

Pour le chef du bureau arabe.

L'adjoint du bureau,

(*Signé*) BOERNER.

(1) Je ne pus toucher cette prime qu'à la recette générale de Paris le 11 juillet de la même année.

MINISTÈRE DE LA
COUR IMPÉRIALE

—

BUREAU DU
GRAND VENEUR

—

SAINT-PÉTERSBOURG
22 avril 1868

—

N° 390

—

Monsieur Pertuiset,

Par ordre de Sa Majesté, j'ai l'honneur de vous faire parvenir ci-joint un anneau en diamants avec une pierre émeraude, dont Sa Majesté l'Empereur de Russie vous fait présent pour les balles explosibles que vous avez préparées pour la chasse,

Le Grand Veneur,

(*Signé*) Comte de Fersen.

SOCIÉTÉ AFRICAINE INTERNATIONALE

EXPLORATRICE, CYNÉGÉTIQUE, ZOOLOGIQUE, APPROUVÉE
PAR L'INSTITUT DE FRANCE, PAR LA
COMMISSION GÉNÉRALE DE LA SOCIÉTÉ DE GÉOGRAPHIE ET
PAR LA SOCIÉTÉ D'ACCLIMATATION (DE PARIS)

MEMBRES FONDATEURS :

MM. Jomard, Membre de l'Institut de France, Vice-Président de la Société de Géographie (de Paris).

Le comte d'Escayrac de Lauture, Vice-Président de la Société de Géographie (de Paris).

Le comte d'Aure, Inspecteur général des Haras.

Le baron MILLERET.

Charles GODDE, Directeur du *Journal des Chasseurs*.

Achille VAILLANT.

BRETAGNE, membre de la Société d'Acclimatation (de Paris).

Le vicomte de VALMER, Président de là Société protectrice, et membre de la Société d'Acclimatation (de Paris).

Le docteur Ernest KAUFMANN, Vice-Président de la Société d'Acclimatation (de Berlin).

Le comte Xavier BRANICKI.

Le comte Constantin BRANICKI.

James WITTERING, membre de la Société d'Acclimatation (de Paris).

Des MAZIS, Inspecteur général des Haras.

Jules GÉRARD, officier de l'armée d'Afrique.

OBJET DE LA SOCIÉTÉ

La Société a pour but :

1° De rendre faciles et attrayantes les excursions dans l'Afrique du nord et le Soudan, soit pour la chasse, soit pour le voyage ou le séjour dans la colonie pendant la saison d'hiver.

2° De protéger les animaux domestiques et utiles ainsi que les intérêts coloniaux se rattachant à leur conservation, en détruisant les animaux nuisibles.

3° De mener de front la destruction, par la chasse, au moyen d'une troupe d'indigènes choisis à cet effet parmi les turcos et spahis congédiés, et la capture des animaux vivants adultes, à l'aide d'engins spéciaux, pour être importés dans les jardins zoologiques de l'Europe, afin d'offrir aux naturalistes des sujets d'étude mieux organisés, et aux peintres, sculpteurs, architectes et graveurs, de bons modèles des grands félins.

4° De faciter en Afrique, les travaux des sociétés d'acclimatation, en introduisant et surveillant la propagation des espèces de gibier qui ne s'y trouvent point, et en Europe, en important les plantes et les animaux utiles susceptibles d'être acclimatés.

5° D'unir ses efforts à ceux des sociétés de Géographie, de botanique, de géologie, de zoologie, et autres, ayant intérêt aux découvertes, pour les explorations collectives ou isolées, au moyen d'un recrutement judicieux des hommes devant composer la troupe de chasse; ces hommes pouvant servir de guides-interprètes aux sociétaires visitant l'Algérie, et d'escorte aux missions scientifiques dirigées vers l'intérieur du continent africain.

MODE DE SOUSCRIPTION DU BUDGET

Le budget utile à l'organisation de la société et à ses travaux, sera souscrit savoir : Le budget d'organisation, par les sociétés intéressées, agissant collectivement, et par les membres fondateurs, au moyen d'une cotisation *fixe* de *cent* francs.

Pour faire face aux frais annuels, les membres fondateurs et les sociétaires auront à payer une cotisation *annuelle* de *cinquante* francs.

La troupe de chasse et son matériel suivront la progression du budget de la société.

Il sera prélevé un fonds de réserve destiné à former une caisse de retraite pour les hommes composant le personnel.

N. B. Pour les chasses à courre, les frais provenant de l'équipage ne seront supportés que par ceux des sociétaires qui voudront en profiter.

MODE D'ADMISSION DANS LA SOCIÉTÉ

Toute personne désirant faire partie de la société, devra en adresser la demande, soit à l'un des membres fondateurs, soit aux secrétariats de la Société de Géographie, rue Christine 3 ; des société d'Acclimatation et Protectrice, 19, rue de Lille ; soit à la direction du *Journal des Chasseurs*, 26, rue de la Chaussée d'Antin ; ou à celle de *La Vie à la campagne*, 45, rue Saint-André des Arts, ou au *Journal des Haras* et à *la France hippique*, 50, rue de la Chaussée-d'Antin ; ou au journal *le Sport*.

Le candidat sera ensuite présenté par trois membres fondateurs.

Son admission lui sera annoncée par l'envoi d'un diplôme.

Le montant de la cotisation *fixe* et *annuelle* devra

18

être envoyé au trésorier de la société, dans le courant du mois qui suivra la réception du diplôme, pour la première année, et pour les années suivantes, la cotisation *annuelle* sera *seule* adressée au trésorier, dans le courant du mois de janvier.

Le nombre des membres fondateurs, comme celui des sociétaires, est illimité.

Dès que la société comptera cinquante membres *fondateurs*, elle se constituera par un acte en due forme, nommera son conseil et demandera à être reconnue d'*utilité publique*.

DROITS DES SOCIÉTAIRES

Les sociétaires auront droit :

1º De prendre part aux grandes chasses organisées par la société, ou de choisir un homme dans la troupe de chasse pour les guider dans le cas où ils voudraient chasser isolément.

2º A un abonnement gratuit au journal qui sera l'organe officiel de la société.

3º De prendre, dans cette troupe, un guide-interprète pour visiter l'Algérie.

4º D'assister aux voyages d'exploration qui pourront être entrepris dans l'intérieur de l'Afrique, par la société, avec l'assentissement et la protection du gouverneur général.

5º De participer aux envois des plantes et animaux utiles susceptibles d'être acclimatés.

CONSEIL

Le conseil sera formé par les membres fondateurs; il se composera de cinq sections, savoir :

1re Section — Géographie, découvertes.

2e Section — Sciences physiques, botanique, minéralogie, zoologie, etc.

3e Section — Acclimatation.

4e Section — Administration des intérêts de la société.

5e Section — Chasses — Protection des intérêts coloniaux et des animaux domestiques et utiles.

COMITÉ D'ACTION

Un directeur-capitaine des chasses : Deux sous-directeurs-lieutenants.

PERSONNEL

Le personnel est fixé provisoirement à vingt chasseurs indigènes recrutés moitié parmi les spahis et turcos congédiés, et moitié parmi les habitants des oasis méridionales, et les naturels du Soudan. Il sera augmenté en proportion des ressources de la société, de manière à lui adjoindre un atelier de puits artésiens. Les fondateurs pensent que cette mesure serait utile au but de la société, surtout chez les populations qui se trouvent entre l'*Atlas* et le *Soudan*.

ATTRIBUTIONS

Le directeur des chasses sera chargé du recrutement des hommes, de leur armement, équipement et, généralement, de tout ce qui aura trait au service des chasses et à celui des escortes pour les voyages lointains. Il correspondra avec les membres du conseil, avec les Sociétés d'acclimatation, de géographie et autres, ayant quelque intérêt aux travaux de la Société africaine. Enfin, il rédigera le journal, organe officiel de la Société. En cas d'absence, il sera remplacé par celui des sous-directeurs qu'il aura désigné à cet effet.

Le siége de la société et celui du quartier général de la troupe de chasse, seront fixés par les membres fondateurs.

TABLE DES MATIÈRES

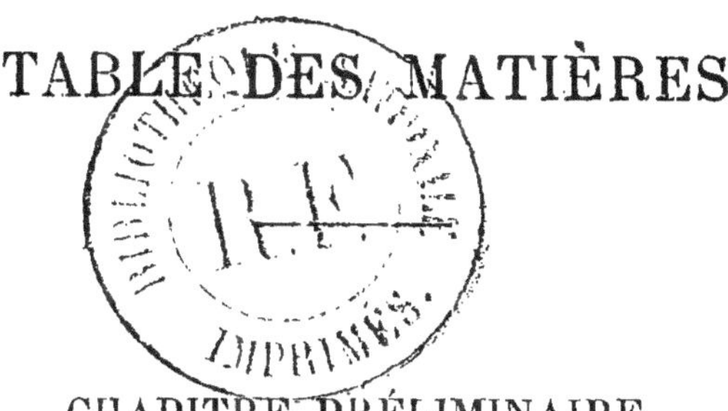

CHAPITRE PRÉLIMINAIRE

CHAPITRE PREMIER

CHAPITRE DEUXIÈME

CHAPITRE TROISIÈME

CHAPITRE QUATRIÈME

CHAPITRE CINQUIÈME

CHAPITRE SIXIÈME

CHAPITRE SEPTIÈME

CHAPITRE DOUZIÈME

CHAPITRE TREIZIÈME

Le Tombeau du Prophète

PIÈCES JUSTIFICATIVES

F. Aureau. — Imprimerie de Lagny.

SOUS PRESSE

DU MÊME AUTEUR

LE CHILI, L'ARAUCANIE
ET LA PATAGONIE

Un volume in-18.

Paris. — Impr. E. Capiomont et V. Renault, rue des Poitevins, 6.